TOEIC 満点の心理カウンセラーが教える

自分を操る英語勉強法

identity
belief
capability
behavior
environment

岩瀬 晃
Akira Iwase

SOGO HOREI Publishing Co., Ltd

はじめに

　本書は、どんな人でも、ラクに楽しく"英語ペラペラ"になれる手法を解説しています。

　本書でいう、"英語ペラペラ"とは、「感じたことが、感じた瞬間に言葉になって出てくる」、頭で考えない英会話です。

　正直に言いますと、「感じたことが、感じた瞬間に言葉になって出てくる」レベルの英会話ですから、「30日」や「1カ月」などの、超短期間での習得はできません。
　その代わり、この手法を実践すれば、老若男女関係なく、いつからでも、どんな人でも、"英語ペラペラ"になることが可能です。

「暗記するのが、苦手」
「大人になってからペラペラになるのはムリ」
「英語を自由にしゃべるなんてイメージできない」
「いろんな方法を試したけれど、話せなかった」
「英語で話そうとしても、言葉が出てこない」

　本書は、そんな**「話したいけど、話せない」という想いを抱えた、あなたのための本**です。

そして、その悩みを持つからこそ、この方法で大きな効果を感じていただけると思います。
（本書を読みおわった後、あなたは別人のように生まれ変わっているかもしれません）

　というのは、これまで多くの日本人は、「英語をしゃべれるようになる」ことばかりに気をとられ、その結果、「英語がしゃべれない」という落とし穴にハマってしまっているケースが多いからです。
　実は、心理学的に言うと、「英語をしゃべれるようになる」ことよりも、「英語をしゃべれるような"人"になる」という視点が、とても大事なのです。
　つまり、「自分という人間を理解して、自分で自分を操ること」が、最終的に「英語をしゃべれるようになる」上で、とても重要なのですね。

　本書で説明する手法は、多くのコーチングやカウンセリングの基礎となっている、最新の心理学「NLP（神経言語プログラミング）」の理論と、脳が持つ特性を活用した、英会話上達法です。

　なぜ、日本人は中学・高校・大学と、10年間もの長い期間、英語を学んでいるのにも関わらず、話すことができな

いのでしょうか？

　なぜ、世界でも特に日本人が、語学習得を苦手としているのでしょうか？

　どうしたら、苦労せず、ラクに、楽しく英語をペラペラに話せるようになるのでしょうか？

　この疑問に、NLPと脳の特性の観点から解説したいと思います。

　私のことを、少しお話しさせてください。
　私は現在、NLPの理論を活用した英語上達法を、多くの方に伝える仕事をしています。

　私自身、中学・高校・大学と、英語を比較的得意科目としながら、青春時代を過ごしてきました。
　大学卒業後、「英語は得意だから大丈夫だろう」と高をくくり、アメリカへ留学。
　今となっては、ラクに楽しく英語を話すことができますが、実際のところ、当時の私は、話すことはもちろん、聞きとりも思ったようにできずに、とても歯がゆい思いをしたのです。

詳しくは本文に譲りますが、その留学時に、私は、本書で紹介する英語勉強法の大元となる体験をしたのです。

　その後、日本に戻って外資系企業に就職し、ある悩みをキッカケとして心理の世界に足を踏み入れました。
　そうして、NLPと出会ったことで、私が英語をペラペラ話せるようになった理由が明確になったのです。

　実際に、留学した人はわかると思いますが、留学したからといって、必ずペラペラになるとは限りません。
　それも、「感じたことが、感じた瞬間に言葉になって出てくる」レベルのペラペラになるためには、本書で説明する「心」と「脳」の仕組みを、必ず知る必要があります。

　ごく簡単な手法ではありますが、語学習得のためには、必須の方法なのです。

　"英語ペラペラ"になった私が、たまたま心理学と出会ったことから生まれた、言わば、「奇跡の理論」です。
　この奇跡を、あなたにも体験してもらえたなら、この上なく幸せです。

2016年6月自宅にて

Contents
自分を操る英語勉強法

はじめに_____ *001*

Chapter 1	なぜ、あなたは英語を話せないのか？

英語が話せないのには理由がある_____ *010*

理由❶ 英会話は「読む・書く」の延長だと思っている_____ *015*

理由❷ 英語を難しいものだと思っている_____ *022*

理由❸ 外国人と「心理的な距離」がある_____ *026*

理由❹ ○○を恐れる心_____ *029*

理由❺ 実は、英語をしゃべれないままでいいと思っている_____ *032*

`Chapter 1 まとめ`_____ *040*

Chapter 2	ペラペラになるとは、どういうことか？

「〜になりたい」は本能を敵に回すNGワード_____ *042*

「"英語ペラペラ"になる」とは、今までとは違う自分になること_____ *051*

「信じていること」ができるまで_____ *055*

あなたの「今」を決めているもの_____ *058*

ニューロロジカル・レベルとは_____ *060*

ニューロロジカル・レベル「5つの階層の関係性」_____ *070*

"英語ペラペラ"になるための秘訣_____ *073*

「信じていること」は変えられるのか？_____ *076*

Chapter 2 まとめ_____ *078*

Chapter 3 | "英語ペラペラ"になるための第1ステップ

私が信じることを変えた瞬間_____ *080*

今、あなたが信じていることは何？_____ *082*

"英語ペラペラ"の人が信じているものは何？_____ *089*

「信念」と「自己認識」を変える方法_____ *094*

協力者がいるとよりパワフルになる_____ *099*

Chapter 3 まとめ_____ *102*

Chapter 4 | 「脳のパワー」を最大限に引き出す方法

行動を起こす前に_____ *104*

「理屈」を捨て、「感情」を使う_____ *106*

英会話は「学ぶもの」ではない_____ *118*

記憶力を最大限に引き出す方法_____ *121*

頑張れば、たくさん記憶できるのか？_____ *122*

記憶力に個人差はあるのか？ _____ 126

コンテンツよりも、コンテクスト _____ 129

Chapter 4 まとめ _____ 132

Chapter 5 | "英語ペラペラ"になるための第2ステップ

英語を話すための3要素 _____ 134

インプット編

海外ドラマや映画を観る _____ 137

「字幕なし」で観る _____ 139

脳が活性化する瞬間とは？ _____ 141

「字幕なし」がツライとき _____ 142

どんなドラマや映画を観ればいいのか？ _____ 145

面白いと思えるドラマ・映画がない場合 _____ 147

ドラマと映画は、どちらがいいのか？ _____ 150

1日何時間観ればいいのか？ _____ 152

繰り返し観る方がいいのか？ _____ 159

アウトプット編

 とにかく真似る_____ *161*

 何をどう真似ればいいのか？_____ *164*

 「リエゾン」とは何か？_____ *167*

 時間配分はどうするのか？_____ *169*

 洋楽を活用する_____ *170*

メンタル編

 英語をラクにしゃべるためのメンタル対策_____ *172*

 「うまく話す」を捨てる_____ *173*

 堂々とする_____ *175*

 「失敗」って何？_____ *177*

 「恥ずかしい」気持ちはどこから来るのか？_____ *183*

 自分が先に決めている_____ *185*

 メンタルブロックを解除する2つの方法_____ *186*

 「能力」と「自己認識」を一緒にしない_____ *188*

 一般の外国人をたくさん見る_____ *191*

 一般の外国人がいる場所に行く_____ *192*

Chapter 5 まとめ_____ *194*

おわりに_____ *196*

Chapter 1

なぜ、あなたは
英語を話せないのか？

英語が話せないのには
理由がある

　さて、これから夢にまで見た「英語がペラペラになる旅」へ出かけます。

　でも、その前に……。

　そもそもなぜ、今のあなたが「英語を話せないのか」「英語を話すことが苦手なのか」について知っておく必要があります。

　なぜなら、**英語を話せない人には、話せない「原因」があるから**です。
　その原因を取り除かなければ、（英語を身につけるために）どんな学習方法を試したとしても、ほとんどの場合、英語を話せるようにはなりません。
　一体、「英語を話せない原因」とは、何なのでしょうか。

「英語を話せない原因」って何？

　早々に答えをお伝えすると、その原因とは、**「思考のクセ」**です。
「思考のクセ」とは、あなたが**つい繰り返してしまう"考え方のパターン"のこと**です。
　あなたにも、心当たりはないでしょうか？
「弱みを見せたらバカにされるに違いない」
「自分は何をやっても中途半端におわる人だ」
「何でもカンペキにこなさないと気が済まない」
　など……、多くの人が、無意識のうちに何度も繰り返してしまう"考え方のパターン"を持っています。

　パターンがあること自体は、良くも悪くもありません。
　ただ、「英語を話せるようになる」という目的を達成したいのであれば、その邪魔になるパターンを、別のパターンに変える必要があるということです。

努力してしゃべれる人しゃべれない人

努力してもしゃべれない人

邪魔になる思考のクセ

努力しなくてもしゃべれる人

うまくいく思考のクセ

英語がいつまでも話せない人に共通する「思考のクセ」とは？

　その「英語がいつまでも話せない人」に共通する具体的な「思考のクセ」とは、次の5つです。

①英会話を「読む・書く」の延長だと思っている
②英語は難しいものだと思っている
③外国人と心理的な距離を感じてしまう
④失敗するのが怖い、恥ずかしい
⑤実は、「英語を話せないままでいい」と思っている

　これらの「思考のクセ」を持っているとなぜダメなのかを、1つずつ説明しましょう。

英語がいつまでも話せない人「思考のクセ」

①英会話は「読む・書く」の延長だと思っている

②英語は難しいものだと思っている

③外国人と心理的な距離を感じてしまう

④失敗するのが怖い、恥ずかしい

⑤実は、「英語を話せないままでいい」と思っている

理由①
英会話は「読む・書く」の延長だと思っている

　私も含めて、日本人はみな、学校ではじめて英語に触れます。そして、ほとんどの人が、英語を日本人の先生から教えてもらいます。

　簡単な文法と単語からはじまり、中学校3年間、高校3年間と、英語を学んできました。
　人によっては大学に進み、よりたくさんの、より高度で難しい文法、単語を覚えるように仕向けられました。

　こうして、

「これが"英語"というものだ」

と、多くの日本人の心に刷り込まれてきたのです。

　それは、**英語は難しい文法を多く知っていて、いろんな単語をたくさん知らないと話せないものだという**、英語に対する**「思い込み」**です。

日本語は理屈で理解していない

　ところでみなさんは、おそらく日本語をペラペラに話せていますよね？

　その日本語を、みなさんはどのように話していますか？「単語と文法を、頭の中で組み合わせて文章を作ってから話している」でしょうか？
　そのような認識がありますか？

　言い方を変えると、日本語を今のように"ペラペラに話せるようになった"のは、単語と文法を学んだからでしょうか？

　間違いなく、答えは「いいえ」ですよね。

「読む・書く」は別にして、「話す」言葉は、物心がついた頃から自然と口をついて出てくるものだったと思います。**「ペラペラに話せる」とは、「考えなくても口をついて出てくる」という状態**です。

では、なぜあなたはこんなに苦も無く日本語をペラペラと話せるようになったのでしょうか？

　それは**「こういうときには、こう言う」という、ある場面とある音（声）の組み合わせを、ただひたすら見聞きし、それを真似てきたからです。**

　決して、単語と文法からのアプローチではありません。
　そこに**理屈（＝文法・単語）は存在していません。**

　もちろん、専門的な単語などは、大人になるにつれ覚えていったでしょう。
　でも、いわゆる日常会話のレベルについては、気がついたらしゃべれるようになっていたはずです。

「聞く・話す」は「瞬間」で起きるもの

　日本人の多くは、いざ英語を話したり、聞いたりする場面がきたとき、それまで、一生懸命に学んできた文法と単語を総動員して、相手が言っていることを理解しようと試

みます。
　そして、言いたいことを、なんとかパズルのように、頭の中で組み合わせて伝えようとするのです。

　実は、私も最初はそうだったのでよくわかります。
　たしかに、聞いたり、話したりする内容を書き出せば、その英語は、単語と文法で成り立っています。

　ただ、**「聞く・話す」という行為は、「瞬間」で起きるもの。**
　じっくり考えて、辞書を見ながら文章を作って……、などと悠長にやっている暇はありません。
　だからこそ、「理屈」に頼らないアプローチが必要なのです。

大人になると単語と文法に頼らないとムリ？

「理屈」に頼らないと言うと、
「幼児から育つ過程ではその方法は有効だろうけど、大人になってからは、もうそんな能力はなくなるからムリだよ」

"英語ペラペラ"の人の脳内ステップ

いつまでも話せない人

頭の中で文章を組み立ててから口に出す

英語ペラペラな人

考えなくても感じた瞬間に口から言葉が出る

という反対意見も出てくると思います。

ですが、本当にそうなのでしょうか？
その言葉、誰かの受け売りではないですか？

まず、語学習得の議論が出ると必ず登場する「臨界期(りんかいき)」説があります。

これは、「人はある年齢（12歳）を過ぎると、新しい言語をネイティブと同じようには習得できない」とする説です。

でも実は、この説は、いまだに「仮説」の域を出ていません。

つまり、大人になってからでも、子どものようなスタイルで英会話を習得することは可能だということです。

しかし、それを妨げているのが、いわゆる「思い込み」なのです。そして、その思い込みの1つが「『話す・聞く』は、『読む・書く』の延長だ」というものなのですね。

「英会話は『読む・書く』の延長だ」と思い込んでいると、「英会話」が、あなたにとって憂鬱なものであり続けます。

なぜなら、英文を読んだり書いたりすることは、ただで

さえ大変で時間がかかります。

　そのうえ、聞くたび、話すたびに、頭の中で「英語→日本語」「日本語→英語」と変換させるステップを踏まなければならないからです。

　想像してみてください。
　慣れない外国人を目の前にして、相手が話したことを聞き取り、あなたの頭の中で文字にし、それを理解します。
　次に、今度はあなたが言いたいことを頭の中で文章にし、それを正しい発音で話す……。

　そんなこと……、考えただけでもゾッとしませんか？

　ボクシングじゃありませんが、3分ごとに休憩を入れないとやってられませんよね（笑）

　ですから、とっとと、その「読み・書き」ワールドを捨てて、もっと楽しくてラクなペラペラワールドへと移住してしまいましょう。

理由②
英語を難しいものだと思っている

　英語がいつまでも話せない人に共通する「思考のクセ」の２つ目は、「英語を難しいものだと思っている」ことです。

　あなたもきっと感じたことと思いますが、高校くらいから、英語がムダに難しくなります。

このムダにというのがポイントです。

　日常会話レベルの英語を"話せる"ようになるには、1500語程度の単語を使えるとほぼ問題ないという説が有力です。その数は、実は中学校で学ぶ単語でほとんどカバーされています。

　文法も、会話が目的であれば、そんなに複雑なものを知っている必要はありません。困ることはほとんどないのです。

　つまり、日本の英語教育のゴールが**「日常会話レベルの英語を話せるようになること」であれば、正直、中学生レベルの単語と文法だけで十分なのです。**

どうして英語が「難しく」なったのか

　日本の英語学習は、なぜムダに難しくなっているのか？

　その理由は、「会話」ではなく「読み書き」としての英語を重視しているからです。

　そして、そうせざるを得ない理由は、成績をつける必要があるからなのです。「会話」力で採点するのは、とても難しいですよね。

　ですから、点をつけやすい「読み書き（単語・文法の知識）」に依存しやすくなるのです。

　もし、「英語を話せるようになること」をゴールとするならば、本来英語をそこまで難しくする必要は、全くありません。もっと楽しみながら身につけていけば良いと思うのです。

　しかし、成績をつけていかなければいけない学校のシステム上、どうしても「読み書き」中心になり、単語や文法も複雑になります。

　その結果、大抵の人が英語を嫌いになってしまうんですね。

　本当にもったいないというか、残念な話です。

（もちろん「読み書き」が重要ではない、ということではありません。ただ、それによって英語を嫌いになってしまっては、本末転倒です）

英語を話せるようになることは、本当は難しいことではありません。

最終的に英語をラクに話せるようになった人は、このことを知っています。

つまり、英語がペラペラな人は、英語を「学問（＝難しいもの）」ではなく**「できて当たり前のもの（＝簡単なもの）」だと信じていた人なのです。**

ペラペラになりたい人が捨てるべき思い込みとは？

あなたがもし、「英語とは難しいものだ」と思い込んでしまっているのなら、その感覚のままで英会話にトライしてもうまくいきません。

なぜなら、英語に対する苦手意識や嫌悪感を持ったまま取り組むことになるので、「長く続かない」「楽しめない」という事態に陥ってしまうからです。

ですからまずは、
「自分は、英語（英会話）に対して大きな誤解をしていたんだ！」
「本当は、英語はシンプルで、とても簡単なものなんだ！！」
という"心"に切り替える必要があります。
　そうでなければ、正直、やる気が起きませんからね。

　そう、**心を切り替えられるだけでも、「"英語ペラペラ"な自分」にグンと近づくことになりますよ。**

理由③
外国人と「心理的な距離」がある

　英語がいつまでも話せない人に共通する「思考のクセ」の3つ目は、外国人との「心理的な距離」があることです。

　「英会話」は、「対人コミュニケーション」です。
　これは案外、忘れがちな事実です。
　つい、「話す・聞く」という"技術"にばかり意識が向きがちです。
　しかし、私は、**「英会話は対人コミュニケーションである」という認識が薄いことが、日本人を英語の上達から遠ざけている大きな要因だと思っています。**

　あなたが誰かとコミュニケーションを取るときを思い出してみてください。
　相手が日本人の場合でも、全くの初対面で、かつ、あなたが苦手だと感じる外見や、性格の人の場合、しゃべりにくく感じませんか？　出てくる言葉も、とてもぎこちなくなるのではないでしょうか？
　これが、いわゆる**「心理的な距離」**というものです。

「心理的な距離」の影響とは？

　この「心理的な距離」があるとどうなるのでしょうか？

　人は、「心理的な距離」があると「緊張してしまう」ものです。

　この"緊張"というのは、ある種の"防衛本能"なのですが、**防衛本能が働いていると、脳がスムーズに動かなくなります。**

　スポーツなどで緊張すると体がスムーズに動かなくなるのと同じです。

　同じ日本人が相手でも、こういったことが起きるのに、外国人が相手となれば、なおさら緊張してしまうのは当然です。

　文化的な背景からはじまり、何もかもが違うので、相手が何を考えているのか、何をしでかすのかが全くわからない状態になります。

　つまり、"防衛本能"がマックスに働くわけですね。そうしたら当然、緊張もマックスになります。

　その結果、脳がスムーズに動かなくなり、口もスムーズ

に動かなくなる……。
　つまりは、スムーズにしゃべれなくなるのです。

　外国人に対する「心理的な距離」は、海外に長期間住んだ経験がある人を除いて、ほぼすべての日本人に存在すると言っていいでしょう。

「心理的な距離」があるままでは、英語をしゃべる"技術"や"知識"がある人であっても、その"能力"を存分に発揮できなくなってしまいます。

　ですからまずは、
「私には、外国人に対して心理的な距離がある」
　と自覚した上で、その距離を縮めることを意識的に行なう必要があるのです。

理由④
◯◯を恐れる心

　英語がいつまでも話せない人に共通する「思考のクセ」の4つ目は、「失敗」を過剰に恐れていることです。

　英会話の上達に必要なものに、インプット（見る・聞く）と、アウトプット（話す）があります。

　インプットに関しては、あまり恐怖や羞恥心の要素は絡んできませんが、アウトプットに関しては、これらが大きく絡んできます。

　あなたは、話そうとするときに、「うまく話せなかったら相手になんて思われるだろう」とか、「周りの日本人に自分のヘタな英語がバレるのは恥ずかしい」といった気持ちに襲われることはないでしょうか。

日本は、元々「失敗」に対してとても厳しい文化です。
　何事も「ちゃんとしていないといけない」と教えられて育つので、"間違うこと""迷惑をかけること"に対して、ものすごく抵抗を感じるのですよね。

ただ、残念ながら、英会話が上達するためには、この「失敗をする」ことは避けて通れません。
　なぜなら、「しゃべる」ことの上達は、「しゃべる」ことでしか実現しえないからです。

　自宅で一人、どんなにトレーニングしたとしても、外国人を相手に、いきなりペラペラにしゃべれる状態にはなれません。つまり、最初は必ず「失敗」することを受け入れないと、上達ができないのです。

　日本が外国に比べて英語を話せる人が著しく少ない理由の1つは、失敗への恐怖や羞恥心があるからです。
　そして、海外では失敗を歓迎する文化を持っているところも多く、社会人になると「できるだけ早く、たくさんの失敗をしろ」と教えられることも多いのです。
　ですから、外国人は失敗を恐れたり、間違うと恥ずかしいと思ったりすることは、少ないのです。

　私は、外資系企業に勤めていたのでわかりますが、結構メチャクチャな英語でしゃべる外国人（英語が母国語ではない人）って多いのです。
　電話会議などをしていても、今の発音でよく聞き取れたな!!　とビックリすることが何度もありました。

海外（特にアメリカ）では多少の間違いは日常茶飯事なので、そういったことも折り込み済みなのですね。

　これは、元々英語の成績が良かったり、英語の読み書きが得意だったりして、英語に対してプライドがある人ほど、抵抗があることだと思います。

理由⑤：
実は、英語をしゃべれないままでいいと思っている

　実は、英話を話せるようになることを、もっとも阻害しているものが5番目の「思考のクセ」です。

　それは、**「本当は、英語をしゃべれない今の自分のままが、一番心地良い」**ということです。

「そんなわけない！　英語をしゃべれたらいいのにとずーーっと思っていた。しゃべれない自分がいいなんて思うはずもない！」
　そう言いたくなりますよね。
　でも、残念ながらこれはれっきとした事実です。

　もちろん、あなたが感じている「英語をしゃべれない自分は心地良くない」という想いにウソはありません。
　しかし、それよりももっと心の深い部分、**深層心理には、「今のままの自分が一番心地良い」と、あなたをコントロールするものが潜んでいる**のです。

　その深層心理に潜んでいるものが、**「恒常性（ホメオス**

<u>タシス）の本能」</u>と呼ばれるものです。

　つまり、「今のままの自分が一番心地良い」と感じているのは、"気持ち"や"想い"の話ではなく、"本能"だということですね。

自分を守るための「未知の状態への抵抗」

　私たち人間は、寒くなれば心拍数が上がり体温を上げようとし、熱くなれば汗をかき体温を下げようとします。
　そうすることで、いわゆる「いつもの体の状態」を維持しようとするのです。
　それは、**今の自分の状態から違う状態に変わることを生命の危機と感じ、今の状態を保とうとする機能です。**
　これが、恒常性（常に同じであろうとする）の本能です。
　この本能の力は、体温の調整などの身体に関わることだけに及ぶものではなく、あなたの心や思考にも及びます。

　あなたにとって「英語をしゃべれる状態」は、未知の状態です。

その状態になるということは、「今のあなた」から「違うあなた」に変わることを意味します。

　この「未知の状態への抵抗」は、あなたが、どんなに「英語をしゃべれるようになる」ことを、意識の上では望んでいるとしても、無意識に発生してしまうものなのです。

あなたの英会話の上達を阻害するもう1つの本能

　そしてもう1つ、あなたが英語を話せない理由と深く関係している本能があります。
　それは**「一貫性の本能」**と呼ばれているものです。
　「一貫性の本能」の働きを、例を出して説明しましょう。

　たとえば、図のような取っ手がついたドアがあったとします。
　このとき、あなたはおそらく何も考えずにドアノブの右端を持って、下に押し下げ、ドアを押すか引くかするでしょう。
　すると、おそらくドアは開きますよね。

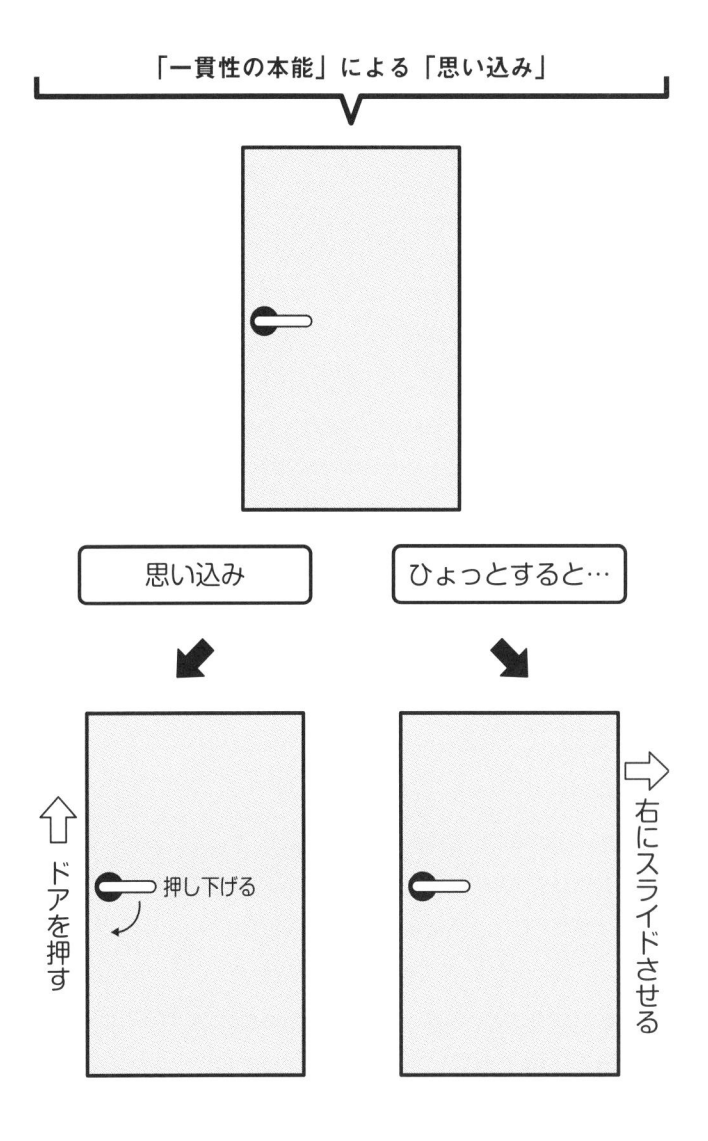

「一貫性の本能」による「思い込み」

| 思い込み | ひょっとすると… |

ドアを押す　押し下げる

右にスライドさせる

この、一見何の変哲もない行為ですが、ちょっとだけ冷静になって考えてみましょう。
　このドアが、この手順で必ず開くと、本当に言い切れるでしょうか？

　このドアが、ノブを持ったまま右にスライドさせるタイプ（引き戸）である可能性は、ありませんか？
　ひょっとしたら、そもそもこのノブは飾りで、どこかに押しボタンがあるかもしれませんよね？

　つまり、ドアが開くまでは、「100％この方法で開く」という確証はないのです。
　しかし、先のページで述べた方法でドアが開いたとしても、特に何の感動もなく、それを当たり前のこととして扉の向こうへ向かうでしょう。

　では、なぜそのような行動を取るのでしょうか？
　それは、これまでにあなたが同じような形のドアノブを、同じような手順で開けた経験があるからです。
　これがまさに、「一貫性の本能」なのです。

「一貫性の本能」とは、「過去にそうだったから、今もそうであるに決まっている、そして、それ以上は考えないよ

うにする」という本能です。

「一貫性の本能」

　都内に実在する、とあるマジックバーに、この思い込みに気づかせるトリックがしかけてあるドアがあります。
　入り口のドアのノブを握って開けようとしてもドアは開かず、ノブのない方を押すと開く、というイジワルな仕掛けが施してあるのです。
　私は、それに思いっきり引っかかりました（笑）

　その時、不思議な感覚に襲われたことを今でもよく覚えています。
　それは、非常に「気持ち悪い」という感覚に近い、「嫌悪感」や「怒り」にも似た感覚でした。

　ただ単に、ドアが思った通りに開かなかっただけ、です。

　これと似ているのは、自分の考えと異なる意見を言われ

ると、その意見を冷静に聞けなくなることです。
　つい感情的になり、素直にその意見を受け入れようとせず、相手を避けてしまう。場合によっては、相手を嫌いになってしまう、そんなことがありますよね。

　これも実は、この「一貫性の本能」のなせる業なのです。
　それほどに、**人は「今まで自分が信じてきたこと（＝価値観）と異なること」に対して抵抗感がある**のです。

　これは、英語を話すために必要だと信じていたことを、否定された場合も同じです。
　英語がいつまでも話せない理由①「英会話は、読み書きの延長である」や、理由②「英語は、難しいものである」を信じてきた場合、①②が事実ではないと知ったとしても、不快になり耳をふさぎたくなるのです。

　このように、「恒常性の本能」と「一貫性の本能」、このコンビネーションによって、あなたは今英語がしゃべれないという状態になっているのですね。

「じゃあ、どうすればいいんじゃい！」
　という気持ちになると思いますが、**まずはこの２つの本能の存在を、把握しておく**ことが大事です。

つまり、英語を話せるようになりたいと思って、行動をはじめて「挫折してしまいそう……」というとき、それを、

「自分の努力が足りないからだ」とか、
「能力が足りないんだ」とか、
「意思が弱いから」とか……、

　自分のせいにして悲観的にならない、ということです。
　それは単に「本能」のしわざなんだと冷静になってください。

　これが、「英語がしゃべれる自分」に変わる上で、とても大事なのです。

Chapter 1
まとめ

1 英語をしゃべれない理由を客観的に把握する。把握していなければ、再びしゃべれない自分に戻ってしまう。

2 英語をしゃべれない理由は以下の5つ。
①英会話は「読む・書く」の延長だと思っている
②英語は難しいものだと思っている
③外国人と心理的な距離を感じている
④失敗するのが怖い、恥ずかしい
⑤実は、英語をしゃべれないままでいいと思っている

3 **2**の⑤が特に大きい理由で、その原因が以下の2つの本能。
「恒常性の本能」＝今の自分から変わることを危険と感じる
「一貫性の本能」＝自分が信じてきたことを変えたくない

Chapter 2

ペラペラになるとは、どういうことか？

「〜になりたい」は
本能を敵に回すNGワード

　では、ここからは「"英語ペラペラ"になる」とは、どういうことなのかを心と脳の観点から解説しましょう。

　この本を手に取られているあなたは、「"英語ペラペラ"になれたらいいのになぁー」と思っていますよね。
　私も「もっとお尻が小さくて大胸筋が厚かったらいいのになぁー」と年中思っています（笑）

　このように、「もっとスタイルが良ければいいのになぁー」とか、「お金持ちになりたいなぁー」という"願望"は誰しもが持っていますよね。
　しかし、こういった**願望を持つことの「落とし穴」**については、あまり意識することがないと思います。

　その「落とし穴」とは何か？
　それは、前章の最後でも触れた、すべての人間が持っている「今の状態から変わりたくない」という本能、すなわち「恒常性の本能」です。

「なりたい」というセリフが
及ぼす影響

　では、その避けられない本能を踏まえて、「○○だったらなぁー」や「○○みたいになりたいなぁー」という想いやセリフが、あなたに及ぼす影響について考えてみましょう。

　これは、**「今の自分は○○ではないなぁー」**と言っているのと同じだとわかるでしょうか？
　すでにお金持ちの人は、「お金持ちだったらなぁー」とは思わないでしょうし、すでにモテている人は「モテたいなぁー」とは思いません。
　今、**お金がないから、モテないから、「それがあったらなぁー」と思うのです。**

　これを、先ほど紹介した「恒常性の本能（略して恒本さん）」はどう解釈するのかというと……、
「あ、今のあなたは"モテない"のですね。ということは"モテない"状態が変わったら危険ですね。よし、では「モテない」状態のままでいられるように最善を尽くします！」

Chapter 2　ペラペラになるとは、どういうことか？

と、「モテない」状態を維持しようと頑張ってくれるのです。

あぁ、なんて切ない状態なのでしょうか！

恒本さんは、あなたを守るために、良かれと思ってやっているのに、あなたが願う方向とは真逆に、あなたを引っ張ってしまうなんて……。

未来は今の延長線上にある

でも、ここで悲観する必要はありません。

なぜなら、この恒本さんは「今のあなたの状態を維持する」ことに関しては確実にそのパワーを発揮してくれるからです。

ですから、**その習性さえうまく活用できたなら、それは強力な味方になりうる**ということです。

たとえるなら、陸上で100メートルを走るときに、風速30メートルの向かい風だと相当しんどいですが、もし、それがそのままそっくり追い風になったとしたら、とんで

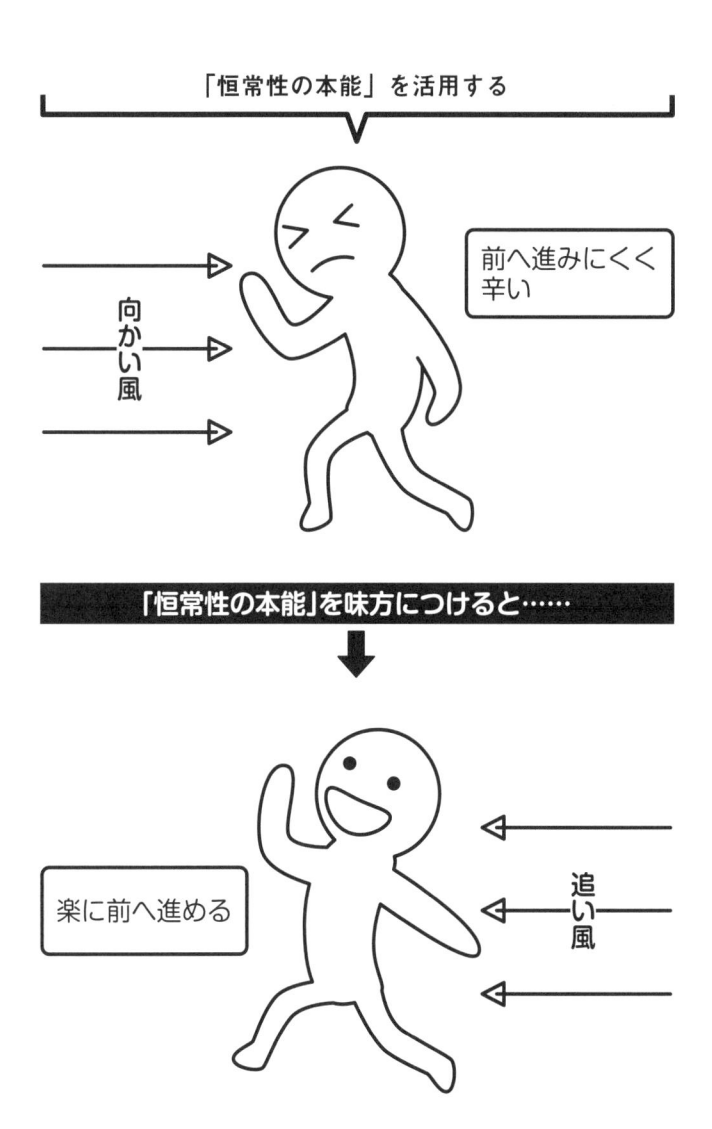

「恒常性の本能」を活用する

向かい風

前へ進みにくく辛い

「恒常性の本能」を味方につけると……

楽に前へ進める

追い風

もない記録が超ラクに出る。
　そんなイメージです。

　その「強烈な向かい風を追い風に変える」方法を、ご説明しましょう。
　その方法とは、もし何かなりたい状態や、手に入れたい能力がある場合、**「今のわたし」がすでに「そうである」ということにする**のです。

　たとえば、「なりたい状態」が「スリムな体型」だとした場合、
「スリムな体型になり"たい"」
　とあなたが思えば、それは、
「わたしは今、太っている」
　と言っているのと同じことになります。

　これでは、残念ながらこの先も太ったままである可能性が高くなってしまいます。

　しかし仮に、「わたしは今すでにスリムな体型だ」ということにした場合、スリムになる可能性がグンッと上がるのです。

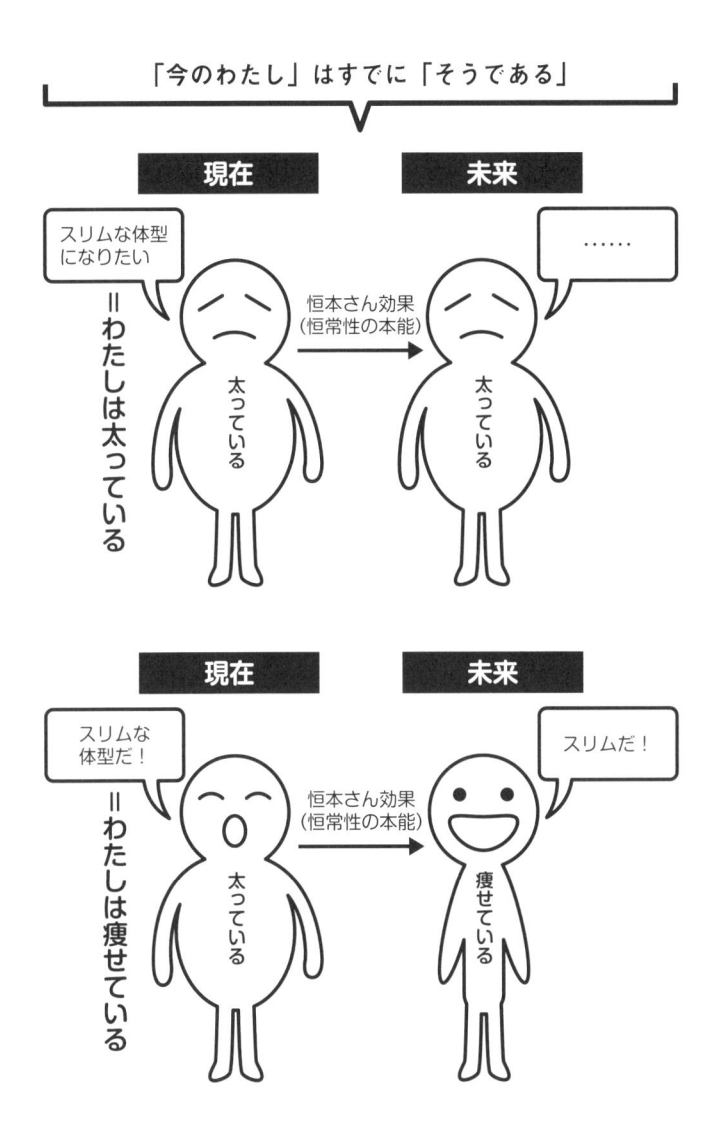

「今のわたし」はすでに「そうである」

現在 → **未来**

- スリムな体型になりたい
- ＝わたしは太っている
- （太っている）
- 恒本さん効果（恒常性の本能）
- ……
- （太っている）

現在 → **未来**

- スリムな体型だ！
- ＝わたしは痩せている
- （太っている）
- 恒本さん効果（恒常性の本能）
- スリムだ！
- （痩せている）

「今、すでにそうである」とは？

　こう言われると、
「え？　いやいや、わたしスリムじゃないよ？　なのに『今スリムだっていうことにする』って、ちょっとムリがあるでしょ??」
　となりますよね。
　わかります。

　私も、いま大胸筋が厚くないのに、「私の大胸筋はパンパンだということにする」と言っても、なんか虚しい感じがします（笑）

　そこで、「今、すでにそうであることにする」を理解する上で、とてもいい例をご紹介しましょう。
　それは、サッカーの日本代表、本田圭佑選手が小学校の卒業文集で書いた言葉です。
　有名なのでご存知かもしれませんね。

　その書き出しは、こんな文章でした。

「ぼくは大人になったら　世界一のサッカー選手になりたいと言うよりなる。」

そして、

「Wカップで有名になって　ぼくは外国から呼ばれてヨーロッパのセリエAに入団します。そして　レギュラーになって　10番で活躍します。」

と書いてありました。

注目していただきたいのは、
「なりたいと言うよりなる」
という言葉です。
「〜したい」ではなく「〜します」と表現しているのです。

ここでお伝えしたいことは、本田選手がスゴイという話ではなく、彼にとっては、「世界一のサッカー選手になること」や「セリエAに入団すること」「10番で活躍すること」は、"願望"というより、**そうなることが彼の中では決定事項になっていた、**ということなのです。

「今、すでにそうであることにする」というのは、このよ

うなイメージです。

　つまり、「"未来"が"今"の時点でもう確定している」「"未来"が"今"やってきている」そんな感覚なのです。

「今、そうだと決めてしまう」

　ということです。

「"英語ペラペラ"になる」とは、今までとは違う自分になること

「よし、わかった！"英語ペラペラ"になるには、将来自分が"英語ペラペラ"になることが決まっている！　ということにすればいいんだね！」

という結論にしたくなるところですが、それだけですと実は、まだ3分の1くらいしか正解ではありません。

そもそも「"英語ペラペラ"になる」とあなたが思うとき、その「能力」の部分だけを見ていないでしょうか？「能力」だけに注目している間は、残念ながら、なかなかそれが手に入らないのです。

では、何に注目すればいいのか、と言うと、

その**「能力を手に入れるにふさわしい"人"になる」**ということなのです。

自分を変える最大の秘訣

　たとえば、再度ダイエットを例にして考えてみましょう。

　ダイエットをするとき、つい「スリムな体型になる」という結果だけに囚われてしまいますよね。
　その結果を得るために、「甘いものを食べない」とか「毎日運動する」とか、「○○をする」という行動だけに走りがちです。
　でも、しばらくすると誘惑に負けてしまって、「今は仕事でいろいろストレスがあるから、やっぱりダイエットは難しいな」と言い訳を見つけてしまいます。
　そして、元に戻るどころか、前より太ってしまった！という結末を迎えてしまう。
　こんな経験って、誰でもありますよね。
　こうやってエラそうにお伝えしている私自身も、禁煙宣言を何度繰り返したことか（笑）

　そこで、リバウンドをせずに「スリムな体型になる」という結果を手に入れるには、**「スリムな体を手に入れるにふさわしい"人"になる」という考え方**が必要です。

たとえば、モデルのミランダ・カー。

食事の量は少ないでしょうし、運動もしていると思いますが、そもそも彼女はどういう"人"なのでしょうか。

仮に、「健康的で美しいモデル、それが"ミランダ・カー"である」、彼女がそう信じ切って生きているのであれば、自ずとそれに沿った選択をし、その結果、今の彼女の外見が保たれていると考えることができるのです。

何を考え、何を大切にし、何を信じるか

何を考え、何を大切にし、何を信じて生きているのか。

そこが、目標を達成させる上で注目するべきポイントなのです。

なぜなら、**そういう「人」になれば、自ずと「行動」が変わるから、というよりも、変わらざるを得ない**からなのです。

そのアプローチが、「"英語ペラペラ"になる」ことにも当てはまるのです。

つまり、**「"英語ペラペラ"になる」のではなく、「"英語**

ペラペラ" になるような "人" になる」ということです。

「"英語ペラペラ" になるような "人" になる」というのは、**「"英語ペラペラ" になる人が信じていること（価値観）を同じように信じている」**ということです。

　自分が信じていることが変わらなければ、行動や環境だけを変えたとしても、元の状態に戻りやすい。

　つまり、リバウンドしやすいのです。

　英会話で言うならば、「英語は難しくない」とか「自己主張しても相手から嫌われない」とか「失敗は恥ずかしいことじゃない」と信じているということ。

　それらを信じていない状態では、行動や環境を変えたとしても、結局は、英会話が苦手な元の自分に戻ってしまう可能性が高くなるのです。

　ですからまずは、私たちが「信じていること」がどういった成り立ちでできているのか。そして、それが私たちの行動や能力、環境にどういう影響を及ぼすのか。そのあたりを客観的に理解するところからはじめていきましょう。

「信じていること」が
できるまで

　オギャーと生まれた段階では、私たちには、まだ何も「信じていること（価値観）」が存在しません。

　そこに存在するのはあくまで、目の前にいる親、そして自分が着せられている服、寝ているベッドなど、目に映るものだけです。

　生まれた直後に、「私は人前に出ると緊張するタイプの人間なんだよなぁ」とか「英語って難しいなぁ」なんて思っている赤ちゃんは、さすがにいませんよね（笑）

　そして、大きくなるにつれて、私たちは見よう見まねで言葉を発するようになり、やがて立ち上がっていろんな行動をとるようになります。

　やがて幼稚園や小学校に行くようになり、勉強や運動や芸術などの分野に触れるようになります。
　そして、自ら好奇心を持っていろいろな経験をすることで、自分は何が得意で、何が不得意かなど、自身の能力を自覚するようになるのです。

それは、自分が自分自身に対して感じることもあれば、周りの人から言われたり、また、周りの人と比較して感じる場合もあります。
　このように、自分や周りの人たちが、どのような反応をするかに（正確には、どのように反応したと自分が解釈したかに）よって、自分の中で「信じること」が、徐々に形成されます。

　親とはどういう存在なのか、
　兄弟姉妹とはどういう存在なのか、
　学校とはどういう場所なのか、
　先生とはどういう存在なのか、
　お年寄りとはどういう存在なのか、
　子どもとはどういう存在なのか、
　男とはどういう存在なのか、
　女とはどういう存在なのか、
　社会の常識とはどんなものなのか、
　どういうことが褒められるのか、
　どういうことが怒られるのか……。

　こういった自分の「信じていること」が、自分自身や周囲の人の体験を見聞きしながら、どんどん固まっていくのです。

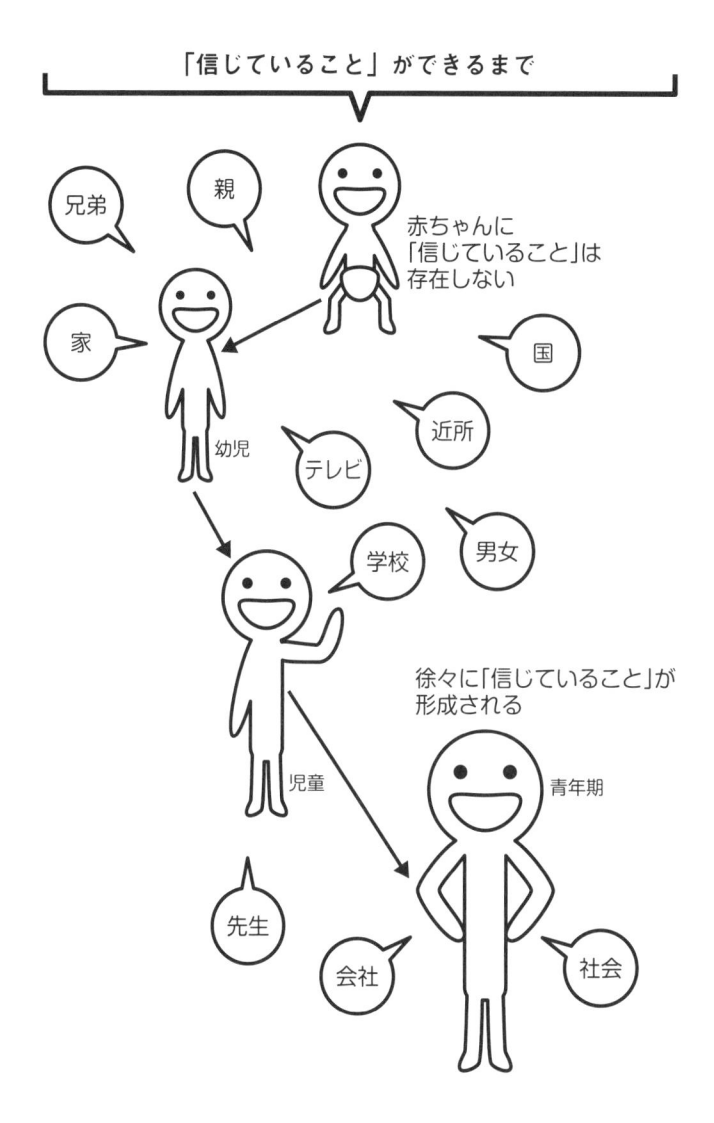

「信じていること」ができるまで

赤ちゃんに「信じていること」は存在しない

兄弟
親
家
国
幼児
テレビ
近所
学校
男女

徐々に「信じていること」が形成される

児童
青年期
先生
会社
社会

あなたの「今」を
決めているもの

　このように、幼少期は、自分や周りの人の言動や反応によって、自分の「信じていること」が作り上げられます。

　しかし、大人になると、自分の「信じていること」が、自分や周りの人の言動や反応に影響を与える、幼少期とは逆の流れに変わります。

　たとえば、「自分は何をしてもダメな人間だ」と信じている人は、行動も消極的になります。
　その結果、周りにも消極的な人が増え、能力も落ちていく。そんなイメージです。

　このたとえとしてよく使われるのが、「鎖につながれたゾウ」の話です。

　あるサーカスに、とても大きなゾウがいました。
　そのゾウは、いつも小さな杭に鎖でつながれていました。お客さんはいつも不思議に思いながらそれを見ていました。
　こんな小さな杭など、このゾウなら簡単に引き抜いて逃げられるのに、なぜ逃げないでおとなしくつながれたまま

でいるんだろうか？　と。

　その理由は、このゾウが小さな頃からその杭につながれていたからです。

　小さい頃に、何度もその杭を引き抜いて逃げようとしたけれど逃げられなかった。そうやって失敗し続けた結果、自分には、その杭を抜くことができないと「信じてしまった」のです。

「信じること」が自分や周りの言動や反応に影響を与えるという意味は、このゾウと同じことなのです。

「昔、同じような（チャレンジをして失敗した）経験をしたから……」
「昔、そう（あなたにはムリと）言われたから、だから今もそうに違いない」
「それが真実に違いない」

　このように、経験をベースとしたこと以外を信じられなくなってしまうのです。そして、厄介なことにこの考え方が「恒常性の本能」「一貫性の本能」というヨロイでガッチリと守られてしまうのです。

ニューロロジカル・レベルとは

　さて、ここまでのお話を、心理学の見地から体系立てて解説したいと思います。

　この理論の根拠となるのが、**NLP（神経言語プログラミング）**と呼ばれるものです。
　これはアメリカで生まれた心理学で、多くのカウンセリングやコーチングの基礎となっているものです。

　このNLPでは、さまざまな人間の心の仕組みが解説されています。
　その中で、特に重要となるのが、ここでご紹介する**「ニューロロジカル・レベル」**と呼ばれる概念です。

　NLP研究開発者のロバート・ディルツ氏の研究によると、人間の意識には5つの階層があり、それぞれの階層と、脳の部位が関連し、影響を与えているとされています。

　この「人間の意識の5つの階層」とは、

人間の意識の5つの階層

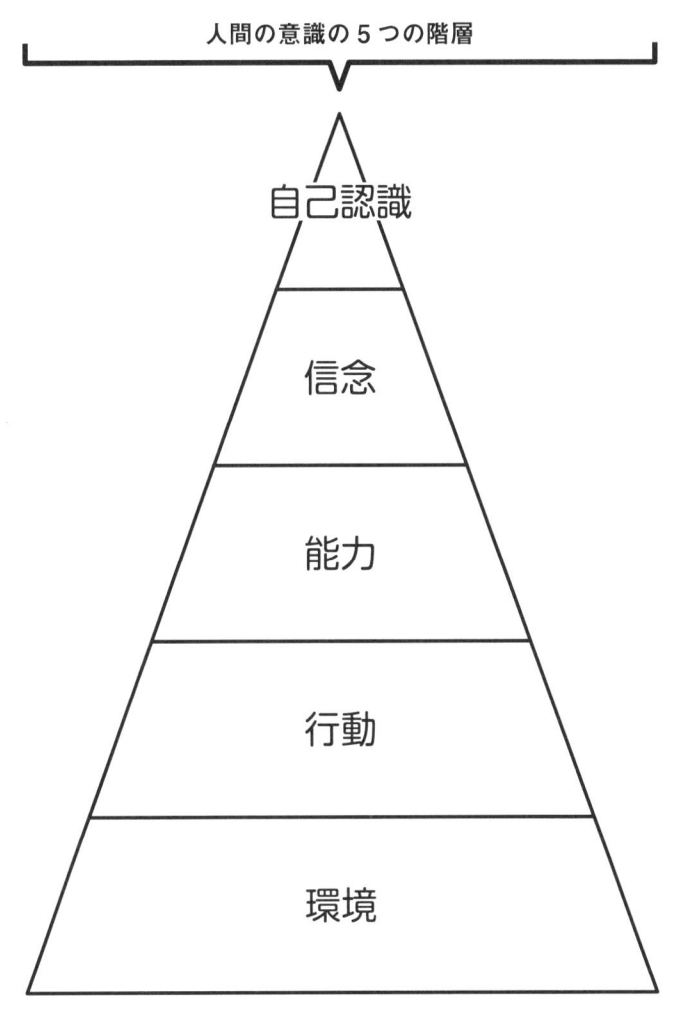

- 自己認識
- 信念
- 能力
- 行動
- 環境

出典『identity and evolutional change』Robert Dilts

①環境
②行動
③能力
④信念
⑤自己認識

の5つです。

私たちが何かを意識（イメージ）するとき、必ずこの5つの階層のいずれかで行われています。そして、それがどの階層で行われているかを把握することが、自分をコントロールする（変える）上で、とても重要なのです。

では、このそれぞれの階層がどういったものなのかを、見てみましょう。

ニューロジカル・レベル①「環境」

「環境」とは、その人が持っているもの、その人の身の回りにあるものを指します。

たとえば、
一軒家に住んでいる、
カラフルな服を着ている、
家族が4人いる、
優しい友人がいる、
大手の会社に勤めている、
頼りになる上司や部下や同僚がいる、
貯金は1000万ある、
など。とにかくその人がどんなモノに囲まれて生きているのか、というものです。
当然ながら、住んでいる国も「環境」の1つです。

英話に関して言えば、
「家に洋画のDVDがたくさんある」
「同僚に外国人がいる」
「職場で英語が使われている」
「近所に外国人が住んでいる」
などです。

この「環境」は、目に見えるものなので、自分や他人を評価したり比較したりするときに、真っ先に思い浮かべるものです。

ニューロロジカル・レベル②
「行動」

「行動」とは、その人が普段何をしているか、何をしていないか、というものです。

　サラリーマンであれば、毎朝会社に通勤しているでしょうし、会社についたらメールを見て、昼には同僚とランチに行く。夜になったら、会社を出て帰路につき、家族がいれば一緒にご飯を食べ、一人暮らしならテレビを観ながら缶ビールでおつまみでも食べるのかもしれません。休みになれば、友人と外出するかもしれませんし、とにかく家でゴロゴロしているのかもしれません。ジムなどで汗を流す人もいるでしょう。

　英会話に関して言えば、
「仕事で英語を使っている」
「休みの日に外国人の友達と遊んでいる」
「毎晩海外のドラマを観ている」
「毎日洋楽を聞いている」
　などといったことですね。

このように人は、毎日何かしらの「行動」をとっています（もしくはとっていません）。

　また、自分自身の「行動」は、自分のことなので当然把握していますが、他人の「行動」となると、特定の行動しか見えていなかったりします。

　たとえば、私が生ガキを食べるときに、Facebookに生ガキの写真を載せます。すると、それを見ている友人に、たまに会うと、「アキラは、いつもカキばっかり食べて、優雅な生活を送っているよなぁー」と言われるのです。
　しかし、私が生ガキを食べている頻度は、せいぜい月に1、2回です。
　それを、「いつもカキばっかり」と認識してしまうのです。
　いやいや"いつも"なわけないでしょう（笑）

　事実がどうなのかは別にして、**人は限られた情報から勝手にイメージし、勝手に錯覚してしまいます。**
　そういう意味で、人は他人の「行動」を知っているようで、実は正確には知らなかったりするのですね。

　また、人は、ほとんどの場合「無意識」に行動してい

ます。

　そのため、自分がどのような行動をとっているのかさえ、正確に認識できていないことも多いものなのです。

ニューロロジカル・レベル③「能力」

「能力」とは、何ができて、何ができないか、ということです。

「英語がしゃべれる」というのも能力の話です。
　つまり、本書のテーマである「"英語ペラペラ"になる」というのは、この「能力」レベルの話をしているわけですね。

「能力」のわかりやすい例は、「ピアノを弾ける」とか「体がやわらかい」とか「計算が速い」などがあります。
　そして、「人前で話すと緊張する」とか「失敗するのが怖い」なども、「能力」に当てはまるものです。

「能力」も、「環境」と同様、他人をうらやましいと思っ

たり、劣等感を持ったりするポイントです。
「あんな風に人前で堂々としゃべることができたらなぁ」とか、「あんな風にピアノが上手に弾けたらなぁ」とか、「あんな風に上手に他人に甘えられたらなぁ」とか。
　あなたもそういう気持ちになったことがあるのではないでしょうか。

ニューロロジカル・レベル④「信念」

　ここまで見てきた「環境」「行動」「能力」と、ここから先の「信念」「自己認識」の間には、大きな違いがあります。
　その違いとは、**「環境」「行動」「能力」は、目に見えるもの、「信念」「自己認識」は、目に見えない、頭（心）の中のもの**という線引きです。

「信念」は、文字通り「その人が何を信じているか、信じていないか」ということです。
「価値観」と言ったりもします。
　たとえば、「男とはこうあるべきだ」とか「女とはこう

いう生き物だ」「会社とはこういう場所だ」「家族とはこういうものだ」「日本人はおとなしい」「アメリカ人は楽観的だ」「英語は難しい」「自己主張する人は叩かれる」「失敗は恥ずかしい」「茶髪の人はチャライ」など……。

挙げればキリがないほど、**私たちはあらゆることに「信念」というレッテル（思い込み）を貼っています。**
そして、これらの**「信念」は、「恒常性の本能」と「一貫性の本能」に守られている**のです。

ニューロロジカル・レベル⑤「自己認識」

「自己認識」は、「信念」同様、あなたが「信じていること」です。
「信念」は、自分以外のものが対象であるのに対し、**「自己認識」は、「自分とはどういう人間（またはどういう人間ではない）」と、自分自身を対象としています。**
「セルフイメージ」とも言います。
「私は何をやってもうまくいかない人だ」「私は人として魅力がない人だ」などとネガティブなものもあれば、「私

はお金に困ることがない人だ」「私はいるだけで周りを幸せにしてしまう人だ」といったポジティブなものもあります。

　英話に関して言うと、
「私は外国人になぜか好かれる人だ」
「私は世界を舞台にして生きる人だ」
「私は誰とでも意思疎通ができる人だ」
　などです。

「自己認識」は、自分自身を"心の奥底"でどのような人間と信じているかですから、言葉で表現するのが難しい場合もあると思います。
　いずれにしても、この**「自己認識」が自分の行動や環境、能力に与える影響がとても大きい**ことは、なんとなく想像できるのではないでしょうか。

ニューロロジカル・レベル
「5つの階層の関係性」

　ニューロロジカル・レベルの5つの階層について見てきました。
　人は、この5つの階層のいずれかで自分や他人を意識します。
　そしてこの5つは、それぞれバラバラに存在するのではなく、お互いに影響し合って成り立っています。

　ある階層での変化は、ほかの階層に影響を与えます。
　特に「自己認識」「信念」における変化は、その下に位置する「能力」「行動」「環境」に、大きな影響を及ぼす傾向があります。

　つまり、
「自分はこういう人間だから」
「世の中はこういうところだから」
「他人はこういうものだから」
「親はこういうものだから」
「私にはこれがお似合いだから」
　などの、あなたの信じていることが、あなたの日々の

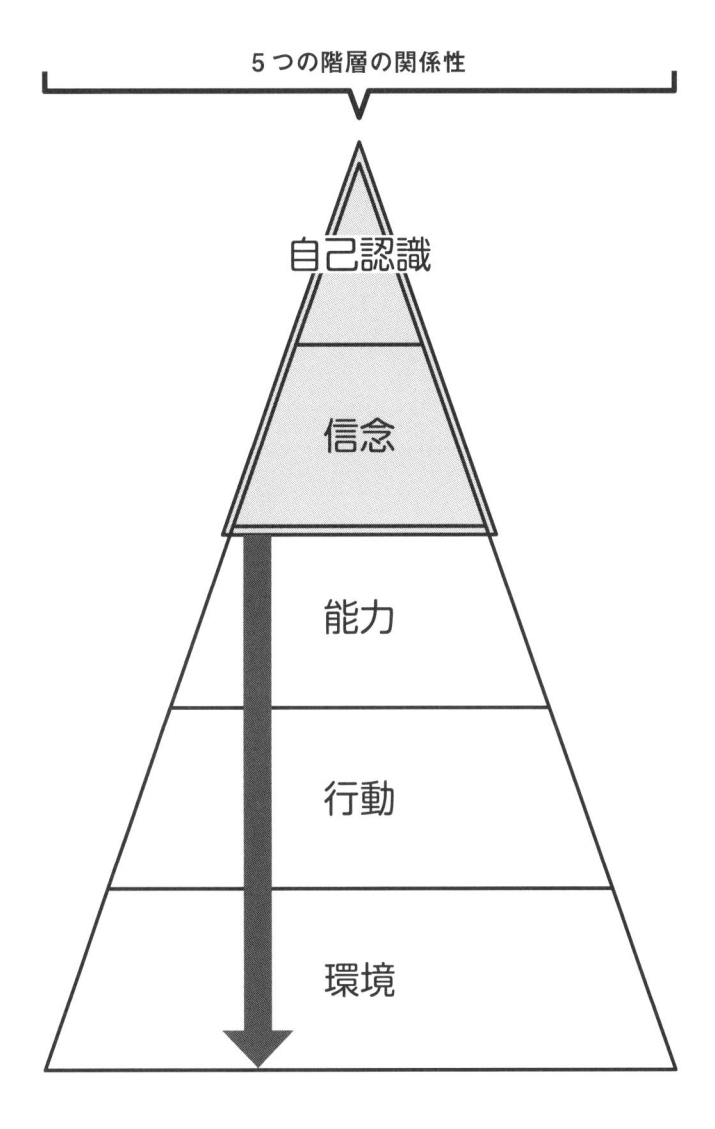

5つの階層の関係性

- 自己認識
- 信念
- 能力
- 行動
- 環境

「行動」「環境」（何をするかしないか、どのような環境に身を置くかなど）、ひいては「能力」に大きな影響を与えているわけですね。

こうして、ある意味「自分の思い込みを確認する作業」を繰り返しているのが私たち大人であるとも言えます。

そして当然、人の数だけこの「思い込み」は違います。国や文化が変われば、この「思い込み」の差はもっと大きなものになるのです。

"英語ペラペラ"に
なるための秘訣

　ニューロロジカル・レベルとその各要素、そして、それらの関係性を見てきました。これを、「英語を自由にしゃべれるようになる」という切り口で見てみましょう。

　先にもお話ししたように、「英語を自由にしゃべれる」というのは、「能力」の話です。
「能力」は、身につけたいと願っているだけでは身につきません。そのために、必要な「環境」の中で、必要な「行動」を取らなければなりません。

　あなたは、英会話スクールに通ったり、CDを聞き流したり、英字新聞や参考書を読んだりなど、あれこれ英会話の「能力」を高めるために「環境」を変え、「行動」をとってきた経験があるのではないでしょうか。

　でも今、本書を読んでいるということは、きっとあなたがまだ英語を思うように自由にしゃべることができないから、ですよね？
　"英語ペラペラ"になるためには、実は、行動や環境よ

りも、**あなたが自分自身と英語について「何を信じているか」**という点が大切です。

　もし、あなたに、
「自分が英語を自由にしゃべれるようになるワケがない」
「自分は"英語ペラペラ"が似合う人じゃない」
「自分は何をやってもうまくいかない」
「自分は頭が悪い」
「英語は難しい」
「外国人は怖い」
　といった「自己認識」や「信念」があるとしたら、「能力」「行動」「環境」に影響を与えてしまっています。
　そして、その前提（＝信じていること）が「正しいのだ！」と確認するための行動を、わざわざやってしまいます。

　これが先にも述べた「風速30メートルの向かい風」の中を走る状態です。
　それに対して、"英語ペラペラ"になる人は、風速30メートルの追い風の中を走っているのです。

　その追い風とは、
「英語は難しいハズがない」

「英語も、日本語と同じように、自由にラクにしゃべれるに決まってる」

「間違った英語でも外国人は気にせず会話を楽しんでくれる」

という前提。

一言で言えば、**英会話に対する、超楽観的な考え方**です。

「信じていること」は
変えられるのか？

「そうは言っても、今信じていることは、今までの人生経験の積み重ねによってできたのだから、『はい、わかりました、信じていることを変えます』で変えられたら苦労しないよ！」

と言いたくなりますよね。

たしかに、人が信じていることを変えるのはとても難しいことです。私も自分自身の経験上、それは重々理解しているつもりです。

ただ、同時にわかってもらいたいのは、この「信じている」ことを、このまま「信じる」こともできるし、「少し疑ってみようかな」と心をユルめることもできるのです。

そして、**ユルめられるか、ユルめられないかは、過去の経験は一切関係ありません。「今の自分が決めていい」**のです。

実際、私の英会話セミナーを受けてくださった多くの人が、その「ユルむ」という状態を体験しています。

たとえば、以前は「英会話」は高い崖の頂上を目指すよ

うなイメージだった人が、「これなら自分にもできるんじゃないか？　と、とても気楽な気持ちに変わった」ですとか、「英語と聞くと憂鬱な気分になっていたものが、今では喜んで楽しく洋画や洋楽に触れることができるようになった」と、たったの数時間で大きく変化するのです。

「"英語ペラペラ"になる人」が信じていることを、これから信じてみようかなと思うことで、あなたは何か損することがあるでしょうか？　失うものはありますか？
　少しだけ心をユルめてみるだけで、「ペラペラワールド」への扉が大きく開くのなら、全く苦ではないのではないでしょうか？

　それでも、なかなか受け入れられないあなたに、オススメの言葉は、「ま、いっか」です（笑）

Chapter 2
まとめ

1 恒常性の本能と一貫性の本能を踏まえると、「今」＝「未来」と言える

2 「〜になりたい」＝「今〜ではない」＝「未来も〜ではない」

3 未来を変える秘訣
「今、すでにそうであることにする」＝「未来を今決めてしまう」

4 ×「"英語ペラペラ"になる」
○「"英語ペラペラ"になる"人"になる」

5 自分の「信じていること」が、自分の「行動」「能力」「環境」を決める

6 信じていることを変えるには、自分の心をユルめるだけ

Chapter 3

"英語ペラペラ"になるための
第1ステップ

私が信じることを
変えた瞬間

　本章からは、具体的に何をすれば"英語ペラペラ"になれるのかの話に入っていきます。

　前章で触れたように、大人になると、自分が「信じること」が「行動」「環境」「能力」に大きな影響を与えます。
　端的にいえば、**「英語は難しい」と信じている人は、英語からどんどん自分を遠ざける行動を無意識にとってしまい、その結果、英語がしゃべれなくなる**のです。

　つまり、「信じていること」を変えることが非常に重要になるわけなのですが、どうすれば「信じている」ことを変えられるのでしょうか？

　私の場合、「英語は難しいハズがない」という信念が元々あったのがラッキーでした。
　しかし、留学してはじめてアメリカ人と話す時に、実はものすごく大きな壁にぶつかったのです。
　私はそれなりに英語が得意だと思っていたのですが、実際に現地でアメリカ人を目の前にしたときに、全くしゃべ

れない上に、聞き取れないのです。

　今にして思えばそれは当たり前でした。Chapter1でも触れたように、「話す・聞く」は「読む・書く」の延長線上にはありません。しかも、「話す・聞く」のトレーニングをほとんどしていないに等しい状態だったからです。

　私の「自分は英語が得意だ」という鼻っ柱は、留学初日にパキーーーーンと気持ちがいいくらいに折られました。
　その時は、映画の中では優しくておおらかに見えていたアメリカ人にも、ぶっきらぼうで怖い印象を抱き、精神的にダブルパンチをくらいました。

　そしてある時、「いかん！　このままじゃ、いつまで経っても英会話が上達しない！　できなくてもいいから、どんどん話しかけていこう！」と、私は腹をくくりました。
　私の英会話の力が飛躍的に伸びたのはそこからでした。
　それが今思うと、「ペラペラワールド」への扉が開いた瞬間だったのです。
　ですから、**「信じること」を変えるには、「プライド」と「恐怖」を手放すことが重要**なのです。

今、あなたが
信じていることは何？

　ではここで「ペラペラワールド」に旅立つ最初のステップとなるワークをやってみましょう。

　それは、今現在のあなた、つまり英会話が苦手で、思うようにしゃべることができないあなたが「信じていること」を書き出す、というものです。

　ここで使うのは、Chapter2 でご紹介した「ニューロロジカル・レベル」です。

　まず、A4 程度の紙を一枚用意して、右のような表を作ってみてください。

自分の思い込みを探ってみる

　そして、それぞれの空欄に、今のあなたに該当することを書き込んでみてください。

自分の「思い込み」を洗い出すワークシート

	英会話	対人コミュニケーション全般
自己認識 （セルフイメージ） ●私は○○な人である ●○○な人ではない		
信念（価値観） ●〜は○○に違いない ●〜は○○であるべきだ		
能力 ●私は○○できる ●○○できない		
行動 ●私は普段○○する ●○○しない		
環境 ●私の周りには○○がある(いる) ●○○がない(いない)		

「英会話」の列は、英語や英会話、外国人や外国に関すること、「対人コミュニケーション全般」の列は、日本人を相手にした場合のコミュニケーションや人間関係に関することを書き入れます。

　書き方のコツは、まず、普段自分が目にしている、意識しているものから書き出してみます。
「環境」「行動」「能力」の欄ですね。
　一通り書き出してから、「環境」「行動」「能力」の内容を眺めてみましょう。自分がその状態に身を置いている理由、つまり、いったい何を信じているから、今の状態なのか？　と考えてみます。

　たとえば、
「英会話」の列の「環境」は、
- **外国人の友達がいない**
- **職場に外国人がいない**
- **家に洋画のDVDがない**

「行動」は、
- **普段、外国人がいる場所に行かない**
- **仕事のときに、英語で話したり聞いたりしない**
- **海外の番組や映画をほとんど観ない**

「能力」は、
- 英語をあまりしゃべれない
- 英語があまり好きではない
- 英語を難しいと感じる
- 外国人を怖いと感じる
- 英語で話して失敗するのが恥ずかしい
- 外国人や外国の文化にあまり興味がない

などです。

そして、これらを踏まえて、「信念」や「自己認識」をあぶり出していきます。

たとえば、「信念」（＝自分に関わること以外で信じていること）は、
- 英語は単語と文法をたくさん知っていないと話せない
- 英語は頑張って勉強しないと上達しない
- 英語を上手に話せないことは恥ずかしいことだ
- 英語は頭が良い人しかしゃべれない
- 英語は難しい
- 外国人は怒りっぽくて短気である
- 外国は怖い場所である
- 外国はつまらない場所である

などです。

そして「自己認識」(＝自分に関して信じていること）は、
- **私は外国が似合う人ではない**
- **私は頭が良い人ではない**
- **私は外国人に好かれない人だ**
- **私は新しいことをやろうとするとうまくいかない人だ**
- **私は新しい環境に順応できない人だ**

などです。

「何を信じているか」が、なかなか出てこない場合は、「どうせ、私は○○だから英語がしゃべれない」という言葉に置き換えてみるのも手です。

　この作業はやるほどに気分が暗くなってしまうかもしれませんね。
　しかし、次のワークからは逆に気分が明るくなるので、ここはグッとこらえて、自分の心の中を掘って書き出してみてくださいね。

思わぬところに
心のブロックがある

「対人関係・コミュニケーション全般」の列で思わぬ「英会話に対する心のブロック」があぶりだされることがあります。

なぜなら、結局「英会話」は「対人コミュニケーション」の一環だからです。

そもそも人と会話するのが苦手、人に心を開けない、人を信じられないといった「能力」がある場合（これはニューロロジカル・レベルでの「能力」と考えます）、**英語が話せない理由は、相手が外国人だったり、英語だったりすることは関係ない可能性がある**からです。

ですから、「対人関係・コミュニケーション全般」の列でも、「環境」「行動」「能力」からはじめ、自分が人とのコミュニケーションにおいて何を「信じて」いるのかを、洗い出してみてください。

たとえば、「信念」に「正しく、または面白くものごとを話せない人はバカにされる、嫌われる」とか、「自己認識」に「自分は人から誤解される人だ」「自分は人から面

倒くさいと思われる人だ」「自分は人に迷惑をかける人だ」などがあると、それらが英会話の上達を妨げる要因になるのです。

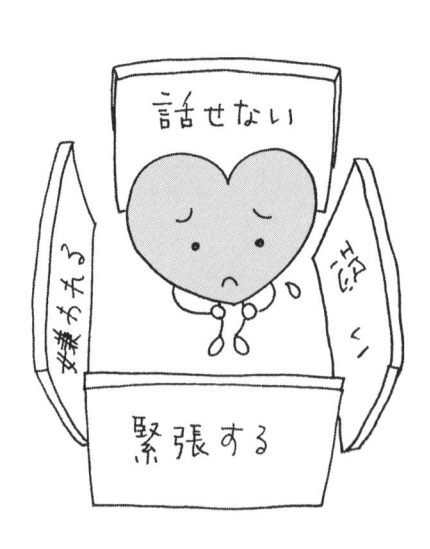

"英語ペラペラ"の人が
信じているものは何？

　次のワークは、また先ほどと同じシートを使います。今度は今のあなたについてではなく、「"英語ペラペラ"の人」について書き出してみます。

　もちろん、今のあなたは「"英語ペラペラ"の人」ではないので、「想像」でしか書くことができません。ですが、それで構いません。
　なぜなら、**ほとんどの場合、先ほどワークシートに書いた自分の「思い込み」の「逆」を書くだけでいいからです。**

　たとえば、
「環境」は、
- **外国人の友達がいる**
- **職場に外国人がいる**
- **家に洋画の DVD がある**

「行動」は、
- **普段、外国人がいる場所に行く**
- **仕事のときに、英語で話したり聞いたりしている**

- **海外の番組や映画をよく観る**

「能力」は
- **英語をしゃべれる**
- **英語が好き**
- **英語は簡単だと感じる**
- **外国人はフレンドリーだと感じる**
- **英語で話して失敗するのが恥ずかしくない**
- **外国人や外国の文化に興味がある**

  などです。

どうです？　簡単でしょう？　同様に、

「信念」は、
- **英語は、単語と文法をたくさん知っていなくても話せる**
- **英語は、頑張って勉強しなくても上達する**
- **英語を上手に話せないことは恥ずかしいことじゃない**
- **英語は頭が良くなくてもしゃべれる**
- **英語は簡単なものである**
- **外国人はみな気さくでオープンで優しい**
- **外国は楽しい場所である**
- **外国は面白い場所である**

  などです。

「自己認識」(＝自分に関して信じていること) は、
- **私は外国が似合う人だ**
- **私は頭が良い人（新しいことを吸収できる人）だ**
- **私は外国人に好かれる人だ**
- **私はなんだかんだうまくいく人だ**
- **自分は新しい環境に順応できる人だ**

などです。

このように、「対人関係・コミュニケーション全般」の部分も含めて書いてみてください。

これには正解がありませんが、「"英語ペラペラ"な人」の例として、次のページに私が記入したものを記しておきますね。

この"英語ペラペラ"な人の表を眺めてみて、共通していると思われるキーワードは何だと思いますか？
ちょっと考えてみてください。
どんなキーワードが出てきたでしょうか？

私は次の2つと考えています。

"英語ペラペラ"な人のニューロジカル・レベルの例

	英会話	対人コミュニケーション全般
自己認識	●私は、外国人から好かれる人だ ●私は、外国人と交流するのが当たり前な人だ ●私は、外国が似合う人だ ●私は、話せばなんとか通じてしまう人だ	●私は、きさくで、陽気で、オープンな人だ ●私は、誰からも愛される人だ ●私は、いるだけで周りの人が楽しくなる人だ ●私は、失敗しても許される人だ
信念	●英語はカンタンに決まっている ●外国人はみなきさくでオープンだ ●英語は楽しむことが上達する秘訣だ ●英語は勉強ではなく、心と心のやりとりだ	●人は、失敗を許してくれる ●自己主張した方が相手にちゃんと伝わる ●人はみな優しい ●自分が心を開けば、相手も心を開いてくれる
能力	●私は、英語を自由にしゃべれる ●私は、違う国の文化や人との交流を楽しめる ●私は、外国人の前でも物怖じしない ●私は、知らない言葉・表現に出会うと嬉しい	●私は、人に自分の弱い部分も出すことができる ●私は、誰とでも分け隔てなく話すことができる ●私は、しっかり自己主張ができる ●私は、上手く話せないことが怖くない
行動	●私は、海外のドラマや映画をよく観る ●私は、洋楽をよく聞く ●私は、外国人がいる場所によく行く ●私は、海外旅行によく行く	●私は、友達や知り合いとよく食事や遊びにいく ●私は、知らない人が集まる場所（パーティ等）によく行く ●私は、普段から人とよく話し、よく聞く
環境	●私には外国人の友人・知人がいる ●私の職場には、外国人がいる ●私の家には外国映画のDVDがたくさんある ●私のスマホには外国の曲がたくさん入っている	●私の周りには、友人・知人がたくさんいる ●私は、人と会いやすい場所に住んでいる

①失敗すら楽しめる能天気さと楽観さ
②多様性を楽しめるスケールの大きさ

　これらを意識することが、"英語ペラペラ"になる上でとても大事になってくることが、分かってもらえたのではないでしょうか。

「信念」と「自己認識」を
変える方法

　ここまで、ニューロロジカル・レベルに基づいて、「"英語ペラペラ"な人」を分解してきました。

　いよいよここから、ペラペラワールドに向けて徐々に離陸体勢に入っていきますよ。

　何度も繰り返しますが、**大人になると、自分が信じることが「能力」「行動」「環境」を作ります**（信じていることの確認作業をしていく）。

　ですので、大人であるあなたがまず行うべきことは、この**「信じること」を新しいもので上書きすることです。**

　しかし、この「信じること」を一瞬で完全に書き換えることは、ほぼ不可能です。

　必ず、ある一定の期間を要します。

　なぜなら「恒常性の本能」のパートでもお話ししましたが、人は基本的に「現状と同じ」であろうとする防衛本能があるからです。

　急激に変わることは「本能」が許してくれないのです。

よって、**この「信じること」を変えるコツは、時間をかけてジワジワと変えること**になります。

　そして、もう１つのポイントは、**あなたの「信じること」が形成されたのは、出来事そのものが原因なのではなく、出来事に対する「あなた自身の解釈（意味づけ）」が原因**だと知っておくこと。
　つまりは、**過去の出来事にかかわらず、いま自分が信じることを変えても、何も問題ない**ことを知っておくことです。
　それを念頭に置いた上で、次のワークに取り組んでみてください。

「言葉」で、信じることを変える

　まず、これは声を出して独り言が言える場所で行ってください。もし声が出せない状況であれば、ひとまず声に出さなくてもいいので、心の中でつぶやいてください。

　次に、「"英語ペラペラ"な人」のワークシートに記入し

た「自己認識」と「信念」の言葉を眺めます。

　続いて、リラックスし、上を見上げる感じで、にこやかな顔（口角を上げるなど）をしてください。露天風呂につかったときのような、芝生の上で日向ぼっこしているときのような、そんな気分です。

　最後に、ワークシートの「自己認識」と「信念」に書かれた文章を、

「あーーー、私って○○○だなぁーーー」
「あーーー、英語って○○○だなぁーーー」
「あーーー、外国人って○○○だなぁーーー」
「あーーー、人って○○○だなぁーーー」

　と、ほのぼのした気持ちでつぶやきます。

　どうでしょうか？
　なにか、「うさんくさいなぁ」「バカバカしいなぁ」と感じたでしょうか？

　しかし、それでいいのです。
　その反応が正常です。

むしろ、その反応がある方がいいのです。

なぜならそれは、今のあなたが「そうではない」という証拠だからです。つまり、あなたがつぶやいた状態に近づくほど、ペラペラになることがわかるからです。

そもそも「うさんくさい」とか「バカバカしい」と感じるのは、**「恒常性の本能」が、そのセリフの通りにあなたが変わってしまうことに対してブレーキをかけ、あなたを守ろうとしているから**なのです。

何しろ、このワークシートに書かれていることはおそらくすべて、今のあなたが信じていること、思い込んでいることとは真逆ですからね。

「信念」を変えるポイント

人は、体験したことをベースに、自分が「信じること」を作り上げます。これは**「誰かに言われたこと（＝言葉）」も含まれます。**

ですから、**今までずっとあなたの脳内を占めていた「ど

うせ」ではじまるマイナスな言葉を、楽観的な言葉で染める（＝体験する）のです。ただ、効果が出るには、それなりの時間がかかります。

しかし、これをやればやるほど、その後に感じる違和感は、最初に感じたほどではなくなります。
毎日、寝る前やお風呂の中、朝起きたときなど、一人で落ち着いてリラックスしているときにつぶやいてください。

ポイントは、**「リラックスした気分でやること」**、そして**「結果を急がないこと」**です。

これらの「言葉」に脳を慣らすうちに、いつの間にか恒本さん（恒常性の本能）も、「まぁ、そこまで言うなら、もういっかー」と、防衛反応を止めてくれます。
つまりは、それらの言葉を信じてみようと、ムリなく思えている自分に気がつくのです。

協力者がいると
よりパワフルになる

　このワークは、もし信頼できる相手に協力してもらえる場合は、よりパワフルに行うことができます。
　その方法は、**相手に同意のリアクションをしてもらう**ことです。

　次のように行ってください。

　まずは、あなたが、

「私って、○○○だよね？」
「英語って、○○○だよね？」
「外国人って、○○○だよね？」
「人って、○○○だよね？」

と協力者に確認するように聞いてみます。

　それに対して、協力者からあなたに、
「えーーー？　そうだよ！　知らなかったのーーー!?」

と、あたかもそれが当然のことかのように驚いた顔でリアクションしてもらうのです。

　注意したいのは、あまり立て続けに言われるとバカにされている気がしてムッとしてしまう場合があります（笑）
　ですから、たまに「うん、それはそうだよね」や「当たり前でしょー」くらいのリアクションを挟むのがオススメです。

　しかし、「知らなかったのー ?!」くらいに驚いて言われると、「あれ、自分ってそうだったのかな ??」と恒本さんを信じさせる効果が高くなるので、少しおバカになったつもりで、楽しむ感じで試してみてください。

　つまり、他人からの同意・承認をもらうことで、自分でつぶやくよりも脳が信じやすいという効果があるのですね。
　私が行っているセミナーでも、一番笑いも出て盛り上がるワークです。言われた側は気恥ずかしくかなりムズムズするのですが、でも実は、うれしさを感じたりするのです。

　この「新しい言葉」で、脳を徐々に洗脳していくワークを、毎日楽しみながら継続してください。

Chapter 3 "英語ペラペラ"になるための第1ステップ

Chapter 3 まとめ

1 「信じていること」を変える方法
　①プライドと恐怖を手放す
　②焦らず時間をかける
　③自分にかける「言葉」を変える

2 英会話と対人コミュニケーションについて、今の自分が「信じていること」を書き出し、毎日自分に、その真逆の言葉をかける

3 違和感を感じることは、むしろ良い兆候

4 "英語ペラペラ"な人が信じていることの特徴
　①失敗すら楽しめる能天気さと楽観さ
　②多様性を楽しめるスケールの大きさ

Chapter 4

「脳のパワー」を最大限に引き出す方法

行動を起こす前に

　Chapter3 では、ニューロロジカル・レベルの、「自己認識」と「信念」を変える方法についてお話ししてきました。

　Chapter4 では、「行動」と「環境」をどのようなものに変えればいいのかを解説します。

　「"英語ペラペラ"になる」という「能力」を身につけるためには、「信じるもの」だけを変えても、さすがに変わりません。

　泳いだこともない人が、プロの水泳選手と同じことを信じたからといって、急に泳げるようにならないのは、当たり前ですよね。

　やはり、**「能力」を身につけるには、「行動」と「環境」を変えること、そして、それを一定期間継続すること**は必要不可欠です。

　その具体的な内容をお話しする前に、実は、あなたが必ず理解しておかなければならない「脳の習性」があります。これは、あなたが「ペラペラワールド」に旅立つ上で、非常に重要です。

本章でお話しすることを、知らないまま行動するということは、たとえるなら、穴がたくさん開いたバケツに水をジャンジャン流して満タンになるのを待つようなものです。もしくは、竹やりで恐竜に立ち向かおうとするようなものなのです。
　これを知らないまま英語を学んでいるからこそ、いつまでもしゃべれるようにならないのですよね。

　逆に、英語を自由にラクにしゃべる人は、間違いなく本章の内容を踏まえて行動しています。
　では、その「脳の習性」、すなわち「脳のパワーを最大限に引き出す方法」について、説明しますね。

「理屈」を捨て、
「感覚」を使う

　脳科学に少しでも興味がある人は、「意識と無意識」の話を聞いたことがあるのではないでしょうか。

　人間の脳のパワーを全体で100％とした場合、「意識」が処理している部分は全体の3〜5％程度しかなく、「無意識」で処理している部分が全体の95〜97％を占めているというものです。

　つまり、どんなにあなたが「一生懸命に考える！」と言っても、脳のパワーのわずかな部分しか活用できていないということです。

　この「意識」「無意識」という表現を、もう少しわかりやすく「理屈」と「感覚」という表現にしてみましょう。

　たとえば、「A = B、B = C、したがってA = C」のような考え方が「理屈」です。逆に「感覚」は、「んーーーー、なんとなーーーくだけど、たぶんAってCと同じじゃない？」といった心の働きです。

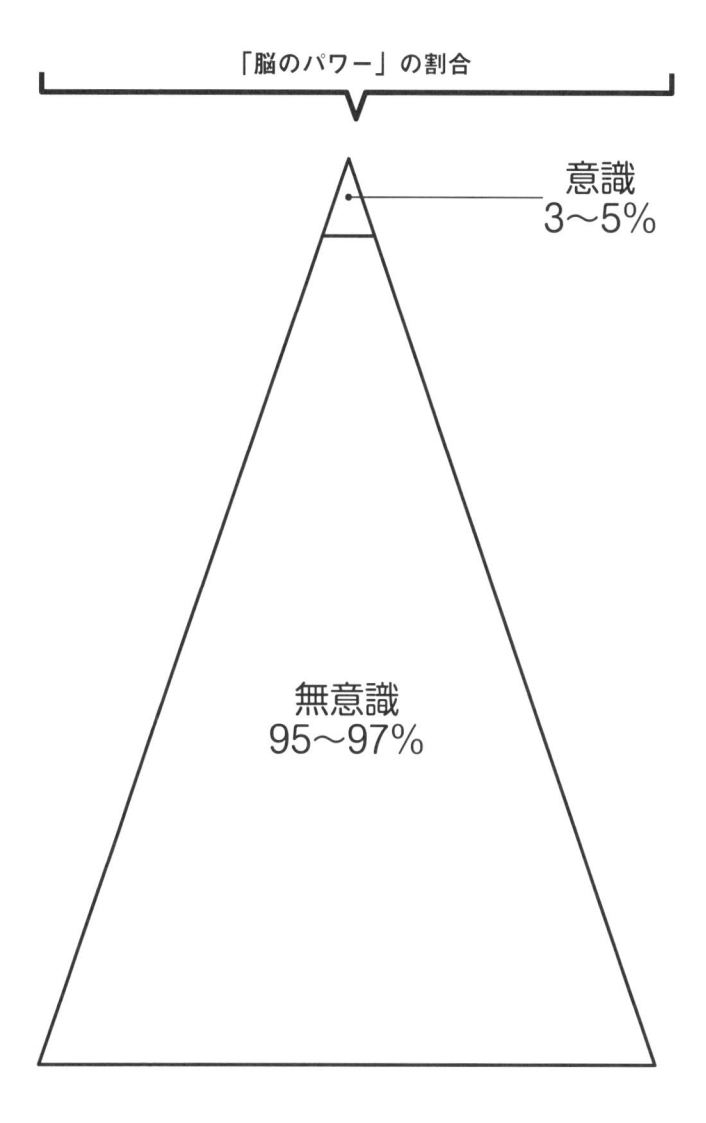

「脳のパワー」の割合

意識
3〜5%

無意識
95〜97%

実はこの「なんとなーーーく」の感覚の中には、「理屈」とは比べものにならないほどの情報量が含まれており、それらを総合的に（無意識に）処理して検討した結果、Ａ＝Ｃという答えが出てくるのです。

　それだけの高度な処理や検討を無意識に行っているという意味で、「理屈」よりも「感覚」の方が、実は、優れていたりするのです（これについては後程くわしく説明します）。

　しかし、私たちは**大人になるほど、「理屈」の世界にどっぷり浸った状態になり、「感覚」を使う機会が激減していきます。**その最たる例が「学校」と「会社」です。

「学校」では、成績によって一人ひとりに序列をつけます。なぜなら「なんとなーくこの子は良し」とか「なんとなーくこの子はダメ」みたいなことでは、当然みんなが納得できませんよね。ですから、「理屈（＝試験の点数）」によって、優劣をつけるのです。

　会社もそうです。「売上」を上げることを、ある意味「感覚」で成し遂げる人もいるかもしれませんが、会社ではいろんな人たちを「納得」させ「合意」を得る必要があります。その場合にもやはり、「なんとなーく、この戦略

がいいと思うんだけどな」とか「なんとなーく、この商品が売れると思うんだけどな」では、話がまとまりません。
　ですから、資料やプレゼンテーションによって「論理的に説明」しなくてはならないのです。

　ですから、会社勤めをしている人ほど、「自分は"理屈"に縛られて"感覚"の力を発揮する機会が少ないんだ」と認識することが、まずは重要です。

　その上で大事なことは、**「感覚」の力を使う（つまり、「何となく」で判断する）習慣を身につけること**です。少なくとも会社のように、誰かに説明して合意などを得なければならない場合、「理屈」に頼るのはやむを得ません。
　しかし、自分自身の「能力」を高める必要がある場合は、「感覚（なんとなく）」のパワーを使わなければ、あまりにも効率が悪いのです。

理屈のメリット・デメリット

　「理屈」と「感覚」には、それぞれメリットとデメリット

があります。

　もし「感覚」がメリットだらけで、「理屈」がデメリットだらけなら、当然「感覚」を使って英会話を上達する方法が世の中に広まっているでしょう。

　しかし、「理屈（英会話では「文法」と「単語」）」のメリットもまた大きいので、多くの人がなかなか「理屈」の世界から抜けられないのです。

　まず、「理屈」のメリットは、端的にいうと「安心感」があることです。
「A＝B、B＝C、なのでA＝C」と書けば、これに反論できる人はいませんし、みな同じように理解ができます。
　この**「理解できる」ということは、すなわち「安心感」を得られる**ということです。この「安心感」こそが、まさに「理屈」のメリットです。
　そして、人はこの「安心感」に吸い寄せられる習性があるのです。

　一方、「理屈」のデメリットは、「正しい・間違い」に縛られてしまうことです。
　たとえば「私は東京に住んでいました」を英語で話そうとした場合、「理屈」のアプローチでは、文法上、主語＋動詞＋目的語（補語）といったルールがあります。「私」

＝「I」、「東京に」＝「in Tokyo」、「住んでいました」＝「lived」で、「I lived in Tokyo」という文章ができあがります。

　これは一見、理路整然としていて、何も問題がないように思われますが、それはこの正しい文法と単語を知っていたからできたことなのです。

　もし、この単語を知らなかったり、文法に自信がなかったりした場合、この文章を作ることができず、「えーと……」とフリーズ状態になります。

　つまり、「理屈」からのアプローチをすると、必ず「正しい・間違い」の世界に縛られるのです。

　日本人が英語をしゃべることに対して苦手意識や、恐怖を感じる理由はここです。
　文法と単語（＝理屈）は、理解ができるという「安心感」がある半面、同時に「正しい・間違い」によって裁かれるという恐怖もセットでついてくるのです。

感覚のメリット・デメリット

「感覚」のメリットとデメリットはなんでしょうか？

「感覚」のデメリットは、「不安感」を覚えることです。

先にもお伝えしたように、「感覚」とは、「なんとなく」の世界です。

ですから、説明ができないものなのです。そもそも自分自身も、なぜそう思うのか、なぜそうなるのかを理解せずにやっています。その状態が生み出す感情は、「不安」です。

「感覚」のデメリットは「不安感」なのです。

ほとんどの人は、その**「不安」に耐えることができず、「理屈」がもたらしてくれる「安心感」に飛びついてしまいます。**

多くの日本人が英語をマスターしようとするときに「文法」「単語」「フレーズ」の暗記に走るのは、こういった理由です。

しかし、そんな「感覚」にも大きなメリットがあります。

まず1つ目のメリットは、すでに説明したとおり「感覚」が秘めている情報処理能力は「理屈」の比にならないほど大きいことです。

　2つ目は、**「感覚」の世界には、「正しい・間違い」という概念が存在しない**ことです。すべてが「たぶんこんな感じ」の繰り返しであり、すべてが「トライ」の連続です。言ってしまえば「すべて正しい」ことになるのです。

英語を話す＝自転車に乗る

　この「理屈」と「感覚」それぞれのアプローチによる違いを、あるたとえを使って説明しますね。

　あなたは、自転車に乗れますか？
　おそらくほとんどの人が乗れるのではないかと思います。

　では、あなたが自転車にどのようにして乗れるようになったのかを、覚えていますか？
　まずは、補助輪がついた自転車に乗りはじめたのではな

いでしょうか。

　そしてある時、片方の補助輪を外し、その状態でまた自転車をこぎます。

　最後は、両方の補助輪を外し、親などに自転車の後ろを支えてもらって、フラフラしたり、たまに倒れたりしながら、バランス感覚をつかんで、いつのまにか、よくわからないけれど乗れるようになっていた。

　そんな感じではないでしょうか？

　これだけ聞くと、当たり前だと感じるでしょう。ですが、これを「理屈」だけで乗れるようになろうとした場合、「そりゃそうでしょ」という一言では済まされないことがわかります。

　では、「感覚」に頼ることを知らない、「理屈ワールド」の住人が、どうやって自転車に乗れるようになっていくかを、見てみましょう。

「自転車」を学ぶ授業

　まず、中学生になると「自転車」という科目が登場します。「自転車」の科目は、自転車を乗れるようになることがゴールなのですが、肝心の自転車に乗せてもらえません。場合によっては、自転車自体が教室にも学校にもありません。

　まず、生徒には、300ページくらいある「自転車に乗るには」という教科書が手渡されます。そして、1年目は、自転車の各パーツの名前を覚えさせられます。そして1年目のおわりには、各パーツの名称を答える期末テストがあります。
　ちなみに一番間違いが多いパーツは「サドル」だそうです。みんな「イス」と書いてしまうらしいです。

　2年目になると、自転車がどのようにして動くのか、その力学について学んでいきます。ペダルを足で漕ぐと、それがチェーンと連動していて後輪が回転し、前輪は自然にその勢いで回転する。ハンドルをまっすぐに保つとまっすぐ進み、傾けると曲がる、などです。

そして、期末に筆記テストがやってきて、間違えると先生に叱られてしまいます。

　3年目になると、今度は実際に人が乗るときに、足をどちらから踏み込むべきか、体重を左足に何パーセントかけ、足の角度を何度にしてペダルを踏み込むのか、体の角度はどのタイミングで何度前傾姿勢になるか、などなど、ひたすら体の動きについて文章で説明されます。
　そしてまた、期末に筆記テストがあります。

　そして高校に入ると、今度はなぜか曲芸乗りについての解説がなされます。
　後ろ向きで自転車を運転するために、足をペダルに何度の角度で乗せて……。

　と、ここまで書けば大体おわかりになりますよね？
　この学校では、**自転車に乗らせるどころか、触らせることもなく、すべてを教科書で学びます。** 紙の上で、「自転車に乗る」ことを、誰もが理解できるように理屈で説明し続けます。
　そして、生徒はそれを、どうにか理解しようと頑張り続けるのです。

こうして、**生徒たちは、高校を卒業するまでの間に、「自転車に乗る」行為が「複雑でとんでもなく難しいもの」だと刷り込まれるのです。**

　そして、いざ自転車に乗る場面がやってきたとき、学校ですっかり「自転車」嫌いになった人、成績が悪かった人は、「どうせこんな難しいものに、私は乗れないから、歩きでいいです」とトライすることさえしなくなります。

「自転車」の成績が良かった人は、一応トライしようとはします。しかし、**どんなに成績が良くても全く乗る練習をしていないため、「学校での成績はあんなに良かったのに、なんでこんなに乗れないんだ……」と、プライドに傷がつき、落ち込んでしまうのです。**

　結果、できるだけ自転車に乗らないで済むような環境に身を置くようになります。

英会話は
「学ぶもの」ではない

　「自転車」について長々と説明してきました。
　ある意味、とてもバカげた話に聞こえますよね？
　しかし、「英会話」に関して、ほとんどの日本人に起きている状況というのは、まさにこれと同じなのです。

　自転車に乗れるようになったのは、とりあえず乗ってみたからです。そして、それを失敗しながらでも、怖くても、何度も何度も繰り返したからですよね？

　そうしているうちに、**よくわからないけど、乗れるようになっていた。**

　英会話も全く同じことなのです。

　そして、この「とりあえず乗ってみた」「何度も繰り返した」、この行為が、まさに「理屈」ではなく「感覚」をフル活用している状態なのです。
　ですから、教科書300ページ分くらいの情報量の運動（＝自転車に乗る）を、「よくわからないけれど」こなせて

しまうようになったのです。

「感覚」をフル活用して「慣れる」

　英語は、読み書きに関しては紛れもなく「理屈」なのですが、「話す・聞く」、つまり「会話」に関しては、自転車を乗るのと同じような「芸術的な運動」なのです。
　つまり、「感覚」をフルに使うことにより、自転車と同じように、「なんとなく」「気がついたら」できるようになっているものなのです。
　私たちが日本語を習得したのも、まさにそれと同じですよね。
　ここまで説明したことを、一言でいうならば

英会話とは、「学ぶもの」ではなく、「慣れるもの」

ということです。

　英語を「話す・聞く」行為は、逆に言うと、それくらい高度な活動だということでもあります。

そして、高度な芸術的活動だからこそ、「感覚」のパワーをフル活用しなければならないのです。

　そうは言っても、「感覚」は「理屈」と違い、「頑張る」というよりも「ゆだねる」イメージです。
　ですから、それほど汗水たらすような努力をしなくても、「なんでか知らないけれど」口から言葉が出てくるようになるのです。

　いかがでしょうか？
　ちょっと雲をつかむようなお話だったかもしれませんね。

　でも、ひとまず、**「英会話は学ぶより、慣れるもの」**であるということ。

　これだけは、心に留めておいてください。

記憶力を
最大限に引き出す方法

 ここまでは、「脳のパワーを引き出す方法」をお話ししてきました。
 英語をしゃべれるようになるために、もう1つ外せない話があります。

 それは、**「記憶力」**です。

 当たり前の話ですが、私たちに「記憶する」能力がなければ、当然「会話」はできません。
「はじめて人と会ったときには、"Hi, nice to meet you"と言う」という情報(体験)が頭に蓄積されているからこそ、初対面の人と会うときに、「こういうときには"Hi, nice to meet you"と言うんだった」と頭の中のデータベースから引き出され、口から出る、というのが「会話」の仕組みだからです。

 ですから、頭の中のデータベースに、どれだけ効率的に情報が貯められるかが、英会話上達のスピードを左右します。

頑張れば、
たくさん記憶できるのか？

「記憶」というと、学生時代の「暗記」を思い出しませんか？

単語帳を作って、テストの前になると、それをペラペラめくって必死に覚えようとしていましたよね。

「記憶すること」は、そういった学生時代の「勉強する」「努力する」経験と、つい紐づけて考えがちです。

しかし実は、**「記憶する」というのは、「勉強する」「努力する」とは異なる**ものです。

「記憶する」というよりも、**「記憶してしまう」**と言ったほうが正しい表現かもしれません。

人は、**「喜怒哀楽」の感情が大きく動いたときに見たもの、聞いたこと、感じたことをほぼ自動的に記憶に留めようとする**のです。

たとえば、あなたは3日前の夕飯に何を食べたか思い出せますか？

記憶の仕組み

記憶に残りにくい

勉強　　　努力

mistake...
間違える

miss...
さびしく思う

記憶してしまう

I'll miss you!

I'll miss you!

私の場合は、前日の夕飯を思い出すのも結構大変だったりするのですが（笑）、3日前くらいになると記憶力が良い人でもかなり苦戦するのではないでしょうか。

　しかしこれが、自分の誕生日だったり、何かの記念日でお祝いしてもらったり、何かのイベントに参加していた場合、食べたものだけでなく、誰がいたのか、どこで食べたのか、なども思い出せるのではないでしょうか。仮にそれが1カ月前でも、2カ月前でも、比較的ラクに思い出せませんか？

　実はここに、「記憶のメカニズム」のヒントが隠されているのです。
記憶を保つために重要なもの、それは「感情」です。
つまり、「喜怒哀楽」ですね。

　では、なぜそのような機能が、脳に備わっているのでしょうか？

「感覚」をフル活用して「慣れる」

　脳に保存できる情報は、無限大に感じるかもしれません。しかし、実際には、限界があります。

　たとえば、生まれたときから今日までの分の、目と耳と体の感覚を通して得た情報を、正確に記憶していて、それらをいつでも引き出せるとしたら……、それはとんでもない情報量になると想像がつきますよね。
　その**ほとんどの情報は、あなたの人生やあなたが生きていく上で、それほど重要でない**ことがほとんどです。
　ですから、人が情報を記憶に留めようとする場合、**「自分にとって重要かどうか」**、そこが大きなポイントになるのですね。

　その「重要かどうか」を決める上で、非常に重要な要素なのが「感情」なのです。

記憶力に
個人差はあるのか？

　人が、「喜び」「怒り」「悲しみ」「楽しさ」を感じることは、「快楽」か「苦痛」のいずれかを経験している状態です。

「快楽」であればもう一度経験したいし、「苦痛」であればもう経験したくない。ですから、それらの情報を覚えておくことは、生きていくために、非常に重要であるのは想像がつきますよね？

　3日前に食べた夕飯は、あなたに何の快楽も苦痛も及ぼしません。よって、「忘れる」のです。
　でも、誕生日や記念日に味わった感情（喜び）は、また味わいたい。だから覚えています。

　いわゆる「勉強」における記憶力の差についても、このメカニズムで説明ができます。

「勉強したことを覚えていない人」というのは、大学に合格すること、資格を取ることそのものに興味はあるが、勉

強している内容そのものにはあまり興味がなかった、という人です。喜怒哀楽が発生するポイントが、勉強そのものではなく、その結果にある、というパターンですね。

　そのような場合、合格や不合格といった「結果」そのものに対する「快楽」「苦痛」の記憶は残るのですが、「勉強した内容」自体には感情を伴っていないので、結果がわかったとたん、そこで学んだ内容はほぼ記憶から消えてしまうわけです。

　それとは対称的に、「勉強したことを覚えている人」は、大学の合格や資格を取ることにももちろん関心はあるのですが、それよりも、勉強している内容そのものや、勉強することで自分の世界が広がっていくこと、つまり「知的好奇心を満たしていること」を、楽しんでいる、または喜んでいる人なのです。

　なので、合格・不合格に関わらず、勉強したことは勝手に記憶され、長い間、頭の中に留まり続けることになります。

　記憶力が良い人（頭の良い人）を見ると、「相当努力したんだろうな」と思うかもしれませんが、単に「勉強そのものが楽しかった」というだけのことだったりするのです。

「記憶力」は頭の良さとは
関係ない

　誰しもが、同じように記憶する力を持っています。
　学校での勉強が全然できなかった人でも、アニメの話になったとたん、とんでもない記憶力を発揮する人もいますよね。では、有名校に合格した人が、同じようにそのアニメについて記憶できるかといえば、そんなことはありません。

　つまり、生まれつきの頭の良し悪しではなく、「感情」、つまり「喜怒哀楽」がどれだけ動いたか、それが記憶を大きく左右するということなのです。

コンテンツよりも、コンテクスト

　もう1つ、**「効率よく、効果的に記憶する」重要なポイントがあります。それは「コンテクスト」です。**

　コンテクスト（context）とは、英語で「文脈、前後関係」を意味します。
　その対義語としてよく使われるのが、コンテンツ（content）、つまり「中身」です。

　多くの人が何かを記憶しようとするとき、覚えたい対象そのもの（コンテンツ）だけで、覚えようとしてしまいます。

　たとえば、先ほども単語帳の話をしましたが、「absolutely」という単語を覚えるとしましょう。
　辞書を見ると、「絶対的に、完全に、全然、全くその通り」などと書かれています。

「よし、absolutelyは、絶対的・完全・全然・全くその通り、という意味なんだな」

と覚えようとするのが、いわゆる「コンテンツ」的なアプローチです。

　これを、「コンテクスト」的に覚えるというのは、
　"You are absolutely right!" →「まさしくキミの言う通りだよ！」
　と、"absolutely"が、文章（表現）の中で使われている状態で、そのニュアンスと意味を覚えるのです。

　つまり、"You are absolutely right!"が「まさしくキミの言う通りだよ！」という意味であるなら、「たぶん"absolutely"は"まさしく"っていうニュアンスなのだろうな」と覚える。

　これが、本章の前半で触れた、「理屈」でなく「感覚」が稼働している状態です。**「なんとなく」これはこういう意味なんだろうなと「推測」する状態**なのです。
　これが、「コンテクスト」的な覚え方です。

　実は先ほど触れた「感情」も、ある意味「コンテクスト」の一部なのです。

「感情」=「コンテクスト」

　たとえば、あなたが自分の意見を目の前の外国人に伝えたとします。
　すると、相手が興奮気味に、「You are absolutely right!」と、嬉しそうな顔をしてあなたに伝えたとしたら、あなたもきっと嬉しくなりますよね？
　つまりその瞬間、**あなたの喜怒哀楽の「喜」や「楽」が動いたことになります。**

　ですから、"You are absolutely right!"という表現に、「喜」「楽」という「コンテクスト」（＝文脈）が、さらにくっついたことになるのです。
　こうなると、より一層あなたは"absolutely"という言葉を、強く記憶できることになるのです。

Chapter 4 まとめ

1「脳のパワー」
①最大限に引き出さなければ"英語ペラペラ"にはなれない
②意識（理屈）が3〜5%、無意識（感覚）が95〜97%
③脳を信じてゆだねれば、「感覚」の力は開花する

2 理屈
①理屈＝文法・単語（文字情報）
②メリット＝「なぜそうなるかわかる」という安心感
③デメリット＝正しい・間違いに縛られる

3 感覚
①メリット＝すべてが正しくパワーがもっとも大きい
②デメリット＝「なぜそうなるかわからない」という不安

4 英会話は「学ぶ」ものではなく「慣れる」もの

5 記憶の仕組み
①「感情（喜怒哀楽）」が動いている状態で情報に触れる
②記憶は「覚える」ものではなく、「覚えてしまう」もの
③感情が動く＝重要な情報だと脳が判断する＝記憶される
④「コンテクスト」がある情報は、記憶に残りやすい

Chapter 5

"英語ペラペラ"に なるための第2ステップ

英語を話すための
3要素

　「脳のパワーの引き出し方」を理解できたところで、具体的にあなたが何をしたら"英語ペラペラ"の状態になるのか、ニューロロジカル・レベルで言えば、どんな「行動」と「環境」に身を置けばいいか、という話をしていきます。

　それらは大きく分けて3つあります。

①**インプット**
②**アウトプット**
③**メンタル対策**

インプットとは、「情報を脳の中に入れること」、
アウトプットは、「情報を外に向けて出すこと」です。

　脳の中に入っていない情報は、外に出すことができません。
　今まで学校でやってきた英語に関するインプットは、「感情」や「コンテクスト」を伴っていないものがほとんどでしょう。

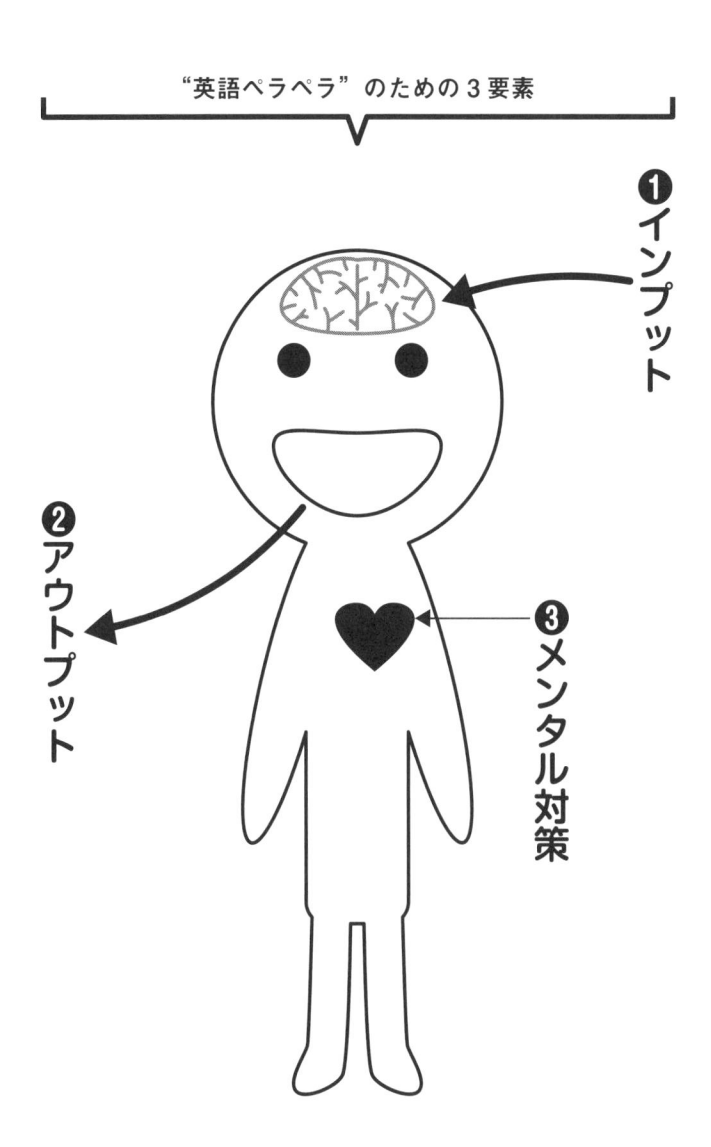

"英語ペラペラ"のための3要素

❶ インプット

❷ アウトプット

❸ メンタル対策

ですから、改めてそれらが伴った状態のものを、たくさん入れる必要があります。

　その質の高いインプットが脳に入った後、はじめて、「アウトプット」、つまり自分が言いたいことを「言葉」にして、話せる状態になります。

　加えて、話すときには「メンタル（＝心)」の状態が大きく影響します。
　緊張していれば、動きや頭の回転が鈍くなりますから、**いかにリラックスできるか**が大事になります。

　では、これらを1つずつ順番に説明しますね。

インプット編
海外ドラマや映画を観る

　頭に入れる情報量は、多いほどいいものです。
　そしてその情報のインプット方法は、感情（喜怒哀楽）が動くもの、コンテキストになっているものであることが重要です。

　この観点から見たときに、実は最高の材料が、私たちの身近にあふれています。
　それが**「海外のドラマと映画」**です。

　まず、情報量という意味において、ドラマや映画は非常に優れています。
「映像」は、「文字」と比べて圧倒的に情報量が多いことは、想像がつきますよね？
　たとえば、あるドラマのワンシーン。たった5秒間の映像を見て、あなたの脳に入ってくる情報量はどれくらいだと思いますか？

　単なる「セリフ（文字情報）」だけなら、それこそ30文字程度ですが、そこには、登場人物がいて、着ている服、

目の色、髪の色、肌の色、表情、雰囲気、声色、ジェスチャー、ＢＧＭ、背景など、本当に挙げればキリがないほどの情報が詰まっています。
　それらの情報を、すべて文字で表現したとしたら、それだけで本一冊分くらいになってしまうのではないでしょうか。

　無意識ではありますが、そういった情報を私たちは映像と音声から取り入れているのです。
　そして、こういった「セリフ以外」の情報が、すべて「コンテクスト」なのです。
　コンテクストの量が多く、かつ印象深いものであればあるほど、記憶に定着することになります。

「字幕なし」で観る

　これはセミナーでも必ず食い下がるように質問されるのですが、なぜ「字幕なしで観ること」をオススメするのかについて説明しましょう。

　なぜなら、「字幕」を出すと、脳の「理屈」ゾーンが働いてしまい、「感覚」ゾーンの働きが鈍るからです。

　たとえば、映画を字幕つきで観る場合、当然その「字幕」を観ますよね。そして、字幕で意味を理解してから、その後に映像を観ます。
　すると、「文字」＝「理屈」なので、まずは脳の「理屈」ゾーンが動いて、その後に「映像」＝「感覚」ゾーンが動きます。
　でも、セリフが次から次に出てくると字幕にくぎづけにならざるを得ないので、脳が「感覚」に切り替わる瞬間がほとんどなくなってしまうのです。

　実際には、「周辺視野」というものがあるため、何かに集中しても無意識にその周りにあるものも目に入ってき

ます。
　なので、字幕を読んでいても、映像や音を認識しているのですが、フルパワーは発揮されません。
　では、「字幕」を外すとどうなるのでしょうか。
　情報は映像と音声だけ、つまり「理屈」が一切無い状態になるので、脳は完全に「感覚」優位になります。
　そして、登場人物のセリフに集中します。そのセリフがどういう意味なのか、理解しようと頑張るのです。
　でも当然、何を言っているのかほとんどわかりません。シーンはどんどん進んでいきます。
「え、今の何て？　今の何て？」の連続です。

　でも、ぜひこれに慣れてほしいのです。
　これがある意味、「疑似留学体験」でもあるのです。

　当たり前ですが、海外に住むと、外国人が話す言葉に「字幕」はついてきませんよね（笑）
　その状態に長く触れることで、脳が徐々に活性化します。
　現代人が衰えている「感覚」の力を呼び覚ますための、とてもいい「脳の鍛錬」になるわけです。

脳が活性化する
瞬間とは？

人の脳が活性化するのは、下記の2つです。

①「わからないこと」に出会ったとき
②わからないことを「わかろう」とするとき

当然、そのときに「わかりたい」という動機がなければ、②にはなりません。ですから、その動機を持つことが重要になります。
そもそも海外の文化に慣れていない日本人は、海外ドラマや映画にそこまで興味を持てなくて当たり前です。そこは「慣れ」を信じるしかありません。

「今はわからないけど、こうやって見続けているうちにいつかわかる瞬間が来るんだなー」と、将来訪れる喜びをイメージしながら観ると効果的ですよ。
「どうせ……」と思いながらやると、脳は、なかなか②の段階に行ってくれません。

「字幕なし」が
ツライとき

　この気持ち、よくわかります。
「続けていれば将来いいことが起きる」と言われたとしても、**「できない」状態がずっと続くと、継続する意思が弱まってしまうのです。**
　それだけでなく、やっている最中にある程度の達成感を得られなければ、脳内の快楽物質であるドーパミンが出にくくなります。
　つまり「楽しい」と思えなくなって、脳に情報が記憶されにくくなってしまうのです。

　ですからまず、「ドラマや映画を毎日観る」という行為に慣れるまでは、字幕を出すのはOKです。
　ただしその場合、まずは字幕なしで一度必ず観てから、その後に、答え合わせをするように英語字幕、必要に応じて日本語字幕を出していくのがいいでしょう。

　なぜなら、最初から字幕を出して観ると、字幕なしに切り替えたときのギャップが大きすぎて挫折につながる可能性が高いからです。

まずは、字幕なしで登場人物のセリフを推測し、脳（感覚）の活性化を意識しながら観ることを心がけてください。

ゴールは世界観に浸ること

　また、**「字幕なし」で観ることにストレスを感じにくくするには、「その場でわかる」ことをゴールにしないこと**です。

　後で字幕の確認ができますから、まずは、映像の中の世界に浸ることだけをゴールにしてみてください。

　ちゃんと、あなたの脳は目と耳から入る情報を貯めてくれています。

　それを信じて、ゆだねてみてください。

　本書では、「"理屈"を捨てる＝単語と文法を手放す」ことを強調しています。

　その理由は、**日本人がすでに最低限の単語と文法を知っているという前提がある**からです。

　その意味では、「単語と文法」を完全に否定しているわけではありません。

あくまで、衰えている「感覚」の力を呼び覚ますことをメインにし、「理屈（単語と文法）」も、必要に応じて利用するのが、現実的なアプローチなのです。

どんなドラマや映画を観ればいいのか？

インターネット動画配信サービスの普及により、毎月数百円程度の料金で、海外のドラマや映画が見放題という、昔なら信じられないような体験が日本でもできるようになっています。

私は「Netflix」というサービスをよく使っていますが、ほかにも「Amazon Prime」や、「Hulu」などといったサービスもあります。

そして、セミナーでもよく聞かれるのが「どんなドラマや映画を見るのがいいですか？」という質問です。

私はまず**「あなたが楽しいと思うドラマや映画が一番」**だと答えています。

その理由は、Chapter4でも触れた通り、あなたの「感情」が動いているときに触れる情報が、一番記憶に残るからです。

どんなにいいドラマなり映画なりを観ても、それがつまらないと感じながら観ていれば、残念ながらそれらの情報のほとんどがムダになってしまいます。

ただし、たとえばアメリカの大自然を紹介する番組のような、人が全く登場せず、ところどころナレーションが流れるような内容ですと、さすがに「日常会話」の上達には役立ちません。

「会話をする外国人が登場する」というのが、最低限必要です。

　ただ、繰り返しになりますが、**あなたが「楽しい」と感じながら見られるもの。それが最大の条件です。**

面白いと思える
ドラマ・映画がない場合

　さらによく聞かれる質問が、「そもそも海外のドラマや映画を面白いと思えないのだけれど、その場合はどうしたらいいの？」というものです。

　そんな場合は、**面白くなくても、とりあえず2週間、少しでも興味を持てるジャンルのものを見続けてください。**

　実を言うと、私自身も、留学して3カ月くらいは、アメリカのものはつまらないと感じていました。TV番組にしても、音楽にしても、もうとにかく日本のモノが恋しく思ったものです。

　海外のTV番組は、内容が繊細さに欠けていて、笑いのツボも違いますし、そもそも何を言っているかわからない。「ツマラナイ」が3拍子揃った状態でした。

　このような状態でしたから当時は毎晩ホームステイ先のベランダで体育座りして星を眺めながら、「あぁ、なんで留学なんかしちゃったんだろう……」と半ベソかいていました。

　しかし、これが不思議と、それしか見るものがない状況

で、**やむを得ず続けているうちに、いつのまにかそれらが楽しく思えてくる**のです。

いつのまにか"ハマる"もの

　人には環境適応能力が備わっているので、ある一定期間を過ぎると、体も脳も順応してきます。

　日本にいると英会話が上達しづらい理由の1つとして、私が経験したような「あきらめの境地」になることが難しいということがあります。
　つまり、「それしか見るものがない、やることがない」という状態を作り出すことが難しいのですね。

　でも、私自身の経験からも、最初に感じる「面白くない」という感覚は、あくまで「慣れていない」から。
　言葉だけでなく、外国のノリや、笑いのツボ、そういったものに慣れていないので、最初は拒絶反応を示すだけなのです。

生まれてはじめてコーラを飲んだ時、ノドが炭酸で痛くなるばかりで、よくこんなもの飲めるな、と感じていたのに、懲りずに飲み続けているウチに、それがクセになってしまう。そんなイメージでしょうか。

　ですから、「ツマラナイ」という感覚がある人は、とりあえず2週間だけ、だまされたと思って毎日海外のドラマや映画（自分が興味をもてるジャンルのもの）を観てみてください。
　慣れてしまえば、いつの間にか、そのドラマを観ずにはいられないくらいハマるかもしれません。

ドラマと映画は、どちらがいいのか？

　この質問に関しても好みの問題（あなたがどちらを楽しめるか次第）です。しかし、もしどちらでもいいのであれば、**ドラマをオススメします。**

　なぜなら、まず1回当たりの時間が短いので、まとまった時間を取る必要がないからです。
　そして、ドラマは細切れの話が続きますから、観れば観るほど、次を観たくなります。
　つまり、**途中で挫折しずらい、という利点がある**のです。

　たとえば、『Friends(フレンズ)』というアメリカの超人気ドラマがありましたが、このドラマは1シーズン（期）につき24話あり、10シーズンも続いたので、トータルで240話もあります。
　1話あたり正味で22分ほどなのですが、1日に2話ずつ観たとしても、このドラマだけで4カ月間も楽しめることになります。
　もちろん、ドラマは他にも山のようにあるので、きっとあなたが楽しめるドラマに出会えると思います。

私がハマったドラマとは？

　ちなみに、私が留学中に観ていたドラマは『Seinfeld（となりのサインフェルド）』というドラマでした。これは9シーズン続いた、いわゆる「大ヒット」ドラマで、私が留学していた時（1995～1997年）に、もっとも人気があったドラマです。

　全米で6年連続視聴率1位に輝き、番組終了時までNo.1を保ち続けた伝説的なドラマでした。

　ストーリーは、実在するコメディアンである「サインフェルド」が、舞台を離れた実生活でどんなくだらない生活をしているのかを描いたコメディです。

　私の英語力は、サインフェルドと共に育ったと言っても過言ではないかもしれません。

　好みがあるとは思いますが、日本人の感性と比較的相性がいいドラマだとも思います。

　ただ、女性よりも男性向きな気もします（なぜならイケメンが全く出てきませんので・笑）。

1日何時間
観ればいいのか？

　1日どのくらい観ればいいの？
　そして、トータルでどのくらいやればいいの??
　という疑問も出てくると思いますが、これに明確な答えはありません。
　なぜなら、それは**個人差（動機の強さや、自分が満足と感じる状態がどのレベルかなど）で変わってくる**からです。

　とはいえ、だいたい2500〜3000時間というのが相場です。仮に2500時間だとして、1日1時間やって、7年以上かかることになります。

ちょ、ちょっと待って！
いま本を閉じようとしたでしょ!!
話は最後まで聞いてください！（汗）

　まずここで安心してほしいのは、**この時間には、中学・高校などで学んだ時間も含まれている**ということです。
　あくまで、ゼロから英語を学ぶと、ということなので、あなたがもし中学・高校と英語を勉強した（成績は関係な

く）のであれば、約 1000 〜 1500 時間くらいはすでに学習はしていることになるのですね。

　ですから、**実際には 1500 時間程度でいい**ということです。

　とすると、1日1時間やったとして、4年くらいに減ります。
「まぁ、それでも4年でしょーーー……」
と思ったそこのあなた。
　わかります。
　たぶん、私でもそのリアクションになります。

　ちなみに私が留学した時の話ですが、1日に触れた英語の量（聞く・話す）は、おそらく4時間くらいだったと思います（3時間聞く、1時間話すくらい）。そうすると、約1年ちょっとで1500時間になるのですが、確かにそのくらいのタイミングで、**考えなくても英語が自動的に口から出てくるような状態になった**ことを覚えています。

　あの感覚は衝撃的でした。
「日本語と同じような感覚」で言葉が出てくるのですから。
　しかし、あなたが今から1日4時間、英語漬けの環境を

作れと言われてもほぼムリでしょう。

　さんざんお話ししてきた「恒常性の本能」という切り口から考えても、現実的ではありません。

　じゃあ4年かかるのか……。
と思うかもしれませんが、**実は、違うのです！**

楽しい時間はすぐ過ぎる

　違うというのには、2つの理由があります。

　1つ目は、**「感じ方」**です。
「4年もかかるのか」という感覚は、「今の」あなたが感じている長さですよね。
　私も、留学して3カ月間くらいは、「うわーーあと1年9カ月もこの地獄を味わうのかよーー」と思っていました。
　しかし、ひとたび慣れてからは、もはや残りの日数などどうでもよく、最初の辛い感覚はどこかに消えていたのです。

つまり、あなたが「4年もかかってイヤだ」と感じるのは、「ペラペラになるまでに4年もかかる」こと自体がイヤなのではなく、そのために「毎日1時間、今までしたことのない、今そんなに楽しいとは思えないことをしなければならない」ことがイヤなのです。

　もし、「毎日自分が好きなものをたくさん食べていたら、4年後に確実に"英語ペラペラ"になります」と言われたとして、それでも「えーーー、じゃあ他のやり方を探すわーーー」って言いますか？
　絶対にその方法に飛びつきますよね。つまり、そういうことなのです。

時間の感じ方は変化する

　そして、もう1つの理由。
　これも大事なポイントですが、**「1日1時間観る」、これが実際のところは、時間とともに変わるということです。**
　「1日1時間観る」ことが、時間とともに変わるとは、どんな意味でしょうか。

そもそも、いきなり毎日1時間というのは、とてもハードルが高いですよね。いわゆる挫折しやすいパターンです。「恒常性の本能」があることを考えたとしてもです。

　ですから、まずは1日30分からでOKです。それを2カ月続けます。
　次に、慣れてくると自然に「1時間くらい観ようかな」という気持ちになります。その状態が3カ月続きます。
　更に慣れてくると、「じゃあ1時間半にしようかな」。
　そして更に3カ月経つと2時間、また3カ月後には2時間半……というように、どんどん時間が増えていくのです。

　さすがに、1日2時間半以上の時間を割くのは難しいでしょう。ですから、2時間半を最大時間と考え、そのペースで時間を増やした場合、実は、**4年かかると思われた1500時間は、2年で達成できてしまうのです!!**

"英語ペラペラ"までのシミュレーション

　個人差があるという大前提のもと、シミュレーションし

てみると、

　最初の2カ月＝1日30分
　次の3カ月＝1日1時間
　次の3カ月＝1日1.5時間
　次の3カ月＝1日2時間
　それ以降＝1日2.5時間

これで2年後に約1500時間達成できることになります。

繰り返しになりますが、**「今」の自分がどう感じるかですべてを判断するのはキケン**です。
　そこにつけ込んだのが「30日間でペラペラに」などの謳い文句なのですから。

　もし「ペラペラになること」、つまり**「頭で考えずに、感じた瞬間に言葉が出てくる状態」「ラクに自由にしゃべれる状態」を目指したいなら、ぜひこの「時間をかけて脳を慣らしていく」方法を強くオススメします。**

　究極のところ、これがもっともラクな方法なのです。
　日本語をしゃべれるようになるのに、「うーん、難しいなぁ」とか「あぁ、大変だなぁ」と思ったでしょうか？

自転車と同様、「よくわからないけど」気がついたらしゃべれるようになっていましたよね？
　元々持っているその能力を、ただ利用するだけなのですから、むしろズルいと言われてもいいくらいの、簡単な方法だと思います。

繰り返し観る方が
いいのか？

　これもよくある質問ですが、答えは、「あなたが楽しいと思えている間は、同じものを何度観てもいい」のです。

　ただし、じゃあ2年間同じ映画だけを観ていて会話ができるようになるかというと、それはNGです。

　というのは、**「感覚」で英語を習得しようとした場合、「材料の種類」が多いに越したことはない**からです。

　玉ねぎだけでは、作れる料理の種類に限界がありますよね。

　いろんな材料があることで、おいしい料理が作れるようになるのです。

　そもそも、あなたが、これまでに英語をしゃべろうとしていた意気込みは、「3つ星レストランのフルコースを作れるようにならないといけない！」といったハードルの高さだったのかもしれません。

　料理を作る人はわかると思いますが、別にフォアグラやキャビア、フカヒレなどを使わなくても、ある程度ありき

たりな材料で、「おいしい」料理を、それなりのバリエーションで作れます。

　実際のところは、2、3種類の定食の作り方を覚えたら、あとは見よう見まねで、それなりにいろんな料理を作れるようになってしまう。

　英会話とは、そういうものなのです。

アウトプット編
とにかく真似る

　アウトプット編はインプット編よりも、ポイントは少ないですが、とても重要です。

　むしろ、この「アウトプット」が圧倒的に少ないので、日本人は英語をしゃべれないと言っても過言ではありません。

　そもそも、「しゃべる」行為をしていなければ「しゃべれるようにならない」。冷静に考えたら当たり前ですよね。

　これについては、「メンタル対策」編でも、また解説します。

　ここではあくまで「何をすればいいか」に的を絞って説明しましょう。

　まずは、**とにかく「真似る」**ことです。

Chapter 5　"英語ペラペラ"になるための第2ステップ　*161*

「理屈」モードの学び方、
「感覚」モードの学び方

　ここでも「感覚」vs「理屈」の話になります。
　日本人の一般的な英語へのアプローチは、まず文章があり、それを音読するスタイルです。

　たとえば、旅行のときに使うフレーズ集のような本を読み、

「How much is this?」
　→「ハウ マッチ イズ ディス？」

　とか

「Where is the bus stop for Los Angeles ?」
　→「ホェア イズ ザ バス ストップ フォア ロサンジェルス？」

　のように、カタカナで書いてある英語の発音を音読するといったものです。

このアプローチは、文字ベースで処理しているので、「理屈」モードになります。
　一方、「聞こえたものを、そのまま真似してみる」のが、「感覚」モードです。

　もちろん、最初は難しいでしょう。そもそも何を言っているかわからないものを真似するのです。しかも、英語には、日本語に存在しない発音もありますから。

　しかし、「聞いたものを真似してしゃべる」という行為は、現代人の衰えている「感覚」を鍛え直す意味でも、とても重要です。
　今は衰えている能力ですが、繰り返しているうちに、耳も敏感になり、耳で聞いたものを真似する再現力も、やればやるほど上達します。

「脳を活性化させて、若返らせるためのトレーニング」のように捉えてトライしてみてください。

何をどう
真似ればいいのか？

　では、見ているドラマや映画があって、その中のどのセリフを真似したらいいのでしょうか。

　最初は「真似しやすいもの」からはじめるのがベストです。
　なぜなら、「しゃべれた！」という「達成感＝快感」を、脳が味わうことが、継続する上で大切だからです。

　ですから、

①比較的ゆっくりしゃべっているセリフ
②短めのセリフ
③ハッキリとしゃべっているセリフ

　①から③のどれかを見つけたら、それをまずは真似るようにしてください。

　また、達成感を味わうという意味において、このアウトプットに関しては、字幕で文章を確認するのもOKです。

①字幕なしで聞いた音を真似する
②そのシーンの英語字幕を確認する
③再度真似をし、文章を見ながら発音する

このような順序です。

さらに、それがどういう意味なのか、日本語字幕で確認しても OK です。
ただし、日本語字幕がその英語の文章の直訳になっていない場合が多いので、あくまで「どんな雰囲気の内容を言っているのか」くらいにとどめておきましょう。
深追いすればするほど「理屈」モードが頭を埋め尽くしていくことを忘れないでください。

コツは慌てないこと

ドラマにしても映画にしても、ネイティブの人がしゃべるスピードはとても速いです。それを、そのまま真似するのは大変です。
そんなときは、**「ゆっくりハッキリ言う」ことを心がけ**

てください。

　英語字幕を出せば、何を言っているのかを確認できます。その上で、少しペースを落として言ってみましょう。

　実際の英会話でも、相手が速くしゃべるからといって「自分も速くしゃべらないと！」とプレッシャーに感じる必要は一切ありません。
　むしろ、**自分がゆっくりしゃべることで、相手もしゃべるスピードを少し遅くしてくれます。**

　ですから、**アウトプットするときには、あくまで「慌てずに、自分のペースで」。**
　これを心がけてくださいね。

「リエゾン」とは何か？

　英語には「リエゾン」というものがあります。
「リエゾン」とは、連続した単語を発音するときに、その前後の音の関係性によって、音が変わったり、発音されなかったりすることです。

　たとえば、
"Can I have an orange?"
という英文があるとして、これをカタカナで発音を表すと、
「キャン アイ ハブ アン オーレンジ？」
ですよね。
　しかし、実際の英会話で外国人がこれを発音すると、
「キャナィァブァノーレンジ？」
となります。

　そして、実際に聞いているときには、「キャ」と「ノーレンジ」くらいしか聞き取れません。
　そこから「あ、この人はオレンジがほしいんだな」と「推測」するのです。

英語の発音の聞き取りを難しくしているのは、このリエゾンによるところが大きかったりします。
　特に学校英語（文法・単語）に依存してきた日本人の場合、その単語通りの発音がなされることを期待して聞こうとするので、単語の前後をつなげて発音されてしまうと、もはや全くわからなくなるのも、ある意味当然かもしれません。

　これも、「じゃあ、リエゾンのパターンを覚えよう！」と、「理屈」的な方向に行きがちですが、聞こえた通りに真似してみる「感覚」を活性化させた方が、結局は近道です。
　というのも、**リエゾンは何か特定のパターンが決まっているわけではないからです。**
「ランダム」なものを習得するには、「理屈」よりも「感覚」を使う方が効果的なのです。

　今は「感覚」のパワーをいかに引き出すか、そこに注力することを、忘れないようにしてくださいね。

時間配分は
どうするのか？

　アウトプットにどのくらいの時間を割くのがいいか、ということですが、インプット同様、たくさん時間を割くに越したことはありません。

　ただし、インプットがあまりない状態でアウトプットをしようとしても、「理屈」（文法や単語）に頼らなければならない状態になってしまいます。ですから、**最初の3カ月くらいはインプットメインがベスト。**

　インプット：アウトプット＝9：1くらいが妥当です。（もちろんすでに、ある程度質の高いインプットの蓄積がある人や、真似をすることが結構楽しい場合は、8：2や7：3の比率でも大丈夫です）

　たとえば、1日50分英語に触れるとすると、45分がインプット、5分がアウトプットとなります。

洋楽を
活用する

　アウトプットに関しては、「アメリカの音楽」を活用するのも賢い方法です。

　音楽の場合、やたらテンポの速い曲は別ですが、バラード調の曲などでは、発音もハッキリしていて、スピードもゆっくりです。メロディやリズムも心地良いので、真似ることが比較的ラクで楽しいハズです。

　Chapter4で触れた「感情」が動いている状態になりますから、記憶のパワーもバッチリ活躍できます。

　歌の真似の仕方は、まず**英語の歌詞を見て、次に日本語訳をチェックします**（大抵インターネットで検索すると出てくるはずです）。そこで、**その歌の世界観を理解する**のです。

　次に、英語の歌詞を見ながら、歌を聴いて、**どの音がどの単語の部分なのかをおおよそ理解します。**

　後は、**ひたすら聞いた音を真似します。**どうしても難しい発音があれば、おそらくそれは日本語にはない発音のハズです。

　その場合、まずは、辞書で発音記号などを確認します。

その上で、たとえば、私の「発音改善法」のDVDなど、発音記号ごとに、どのように発音すればいいかがわかる教材を参考にしながら、改めて真似をしてみて下さい。

　セリーヌ・ディオン、ホイットニー・ヒューストン、ビリー・ジョエル（私の年代がバレバレですね・笑）など、世界的に有名な歌手は、歌詞自体もそんなに難しい単語や文法を使っていない場合が多いです。そういう意味でもオススメです。

「感情」という観点では、あなたが好きな歌手、好きな歌なら、多少難しい歌でも真似してマスターできてしまうでしょう。そのあたりは、「好き」な気持ちを大事に選んでみてください。
　ちなみに私は、ファレル・ウィリアムズの「Happy」という歌に出会った時、最初は「テンポが速いなーこれ！」と思いましたが、この曲は覚えたい！　という気持ちがあったので、比較的短い期間で歌えるようになりました。

　このように実践すると、洋楽で楽しく英語を身につけることができます。

メンタル編
英語をラクにしゃべるためのメンタル対策

　ここからは、最後のパート、「メンタル」つまり「心」の話になります。

　実は、この「メンタル」の部分こそ、日本人が英会話を苦手とする最大の理由だと確信しています。
　次のページからは、あなたが「英語をラクに、自由にしゃべれるようになる」ための「メンタル対策」を紹介しますね。

「うまく話す」を捨てる

　少し私自身の話をさせてください。

　これまでにも少し触れてきましたが、私は22歳の時、不況で就職先が見つからず、留学という選択肢を選びました。

　生まれてはじめての海外でしたが、それなりに英語が得意だという自負があったため、そこまで気負うことはありませんでした。

　しかし、実際には、相手の言っていることは全くわからないし、言いたい言葉も出てきませんでした。お陰でしばらくの間、非常に落ち込みました。

　ここからが重要なのですが、そんな**私の英会話力が急激に伸びたのは、「英語をうまく話そうとすることを、あきらめてから」だということです。**

「キレイにうまく話そうなんて考えている場合じゃない。とにかく数稽古を（練習をたくさん）こなすしかないのだ！」

　そう決めてからは、どんなに下手でも、とにかく英語で

話しかけ続けました。
　すると、**ある時に急に、考えずとも勝手に英語が口をついて出てくる状態、いわゆる"英語ペラペラ"の自分になっていた**のです。

　これは、日本にいても可能なことです。
　英会話喫茶しかり、国際交流イベントしかり、今の日本には、いくらでも英語でアウトプットできる場があります。

　英会話のメンタル対策において、一番大事なことは、**「最初からうまくやろうとしない」**こと。
　うまく話したい自分を捨てることです。
　もう、これに尽きます。

堂々とする

　実際に外国人を目の前にすると、日本人はなぜか、どうしてもおどおどしてしまいます。

　何もしていないのに、何か申し訳ない気がしてしまうのですよね（笑）。

　それに対して、外国人はいつも堂々としています。

　ただ、外国人は別に威張っているわけではなく、**確固とした「自分」がある**だけ。「自分はこう思う」という主張をしているだけなのです。

　それが日本人にとっては、とても違和感があるのです。なぜなら、日本では、「自己主張」は「悪」だと教えられてきたからです。

　逆に海外、特にアメリカでは「自己主張」こそ「善」、「当たり前」だと教えられます。

　日本人からすると、それは「空気を読んでない」「配慮が足りない」などと感じるのかもしれません。

　これはどちらが正しいという話ではなく、単に「文化の違い」です。

そして、**外国人とうまくコミュニケーションを取るために、「いろんな文化を理解し、尊重し、対応できること」が必要です。**

ですから、まずは**「自己主張をする」＝「堂々とする」スタンス**を覚えましょう。

「失敗」って何？

　外国と日本の文化において、決定的に違う要素が、もう1つあります。それは、**日本人は異常なほど「失敗」を恐れている**ということです。

　私は、留学していた2年間と、外資系企業で働いていた16年、合計18年近くを、常に外国人（アメリカ）と接している環境で過ごしました。

　海外、特にアメリカは、「何でもありな世界」と考えていいでしょう。「正解・不正解」は、日本ほど重要視されません。
「自己主張」の部分、「あなたがどう思っているか」を発言すること、それが大事なのです。

　たとえば、裁判や陪審員制、国民選挙で決定する大統領など、日本と比較して圧倒的に「個人」が優先される社会です。
　だからこそ、「これが常識だ」といった暗黙知のようなものがないのです。

会社のスタイルも、外資系企業では、「失敗を責められる」のではなく、「早く失敗して、そこから学び、すぐまた次の挑戦をする」ことを求められます（「FailFast」という言葉が社内でよく使われていました）。

　もちろん、ビジネスですから、きちんと利益を出なければいけません。しかし、NGなのは「失敗」ではなく、「現状維持」なのです。

　日本の会社ならありえませんよね。

　しかし、そんな文化だからこそ、たとえば、Googleのように、ビジネスモデルがしっかりと決まっていない段階でYoutubeを買収してみたり、Google EarthやGoogle mapのストリートビューのような、常識で考えれば、気が遠くなるような大きなスケールの事業でも、「とりあえずやってみる」企業が生まれたりするのです。

　新しいことに挑戦するときには、必ず「失敗」はつきものです。

　その**「失敗」を怖れていては、永遠に新しい世界を見られません。**

　日本はこれまで国家戦略として、新しい発明やサービスなどを自ら開発するよりは、海外から取り入れ、よりその

精度や品質を上げることで経済的な発展をしてきました。

　それは素晴らしいことなのですが、そのスタンスが「外国人とのコミュニケーション」の面では悪い影響を及ぼしているのです。

「失敗」を恐れていては、「コミュニケーション」は上達しません。

　日本人は世界的に見ると「失敗」に対して異常なほど過敏だということを自覚して、外国人とコミュニケーションを取るように心がけることが大切です。

　少なくとも、相手はあなたが気にしている「間違い」など、間違いとは思っていません。

　それよりも、「こういうことを言いたいんだ」という気持ちが伝わる「勢い」があるくらいでちょうどいいのです。

出川哲朗の伝える力

　セミナーでよく例に出すのですが、お笑い芸人の出川哲朗さんは、ある意味"英語ペラペラ"です。

ある番組の企画で、出川さんがアメリカの見知らぬ場所に連れて行かれ、そこから「自由の女神を目指す」ミッションが与えられていました。

　彼は「自由の女神（Statue of Liberty）」という英単語を知りませんでした。
　でも、彼は全く臆することなく、道行くアメリカ人に「ソーリーソーリー！」と声をかけては立ち止まらせ、「ホワイトドール、ホワイトドール！　カモン！　カモン！」と話しかけます。
　外国人が「え???　なに????　白い人形????」と怪訝な顔をしていると、「なんでわかんないのかなー!!」と逆ギレするのです（笑）
　そもそも自由の女神は緑色なので、単語の間違い以前の問題なのですけどね（笑）

　しかし、出川さんは皆から教えてもらった情報を元に、最後は目的の自由の女神にたどり着くのです。
　その様子を見ていると、「あーー、これがコミュニケーション、これが英会話ってものなのだなぁ」と、しみじみと感じました。
　腹筋が崩壊するほど大笑いしながらですが（笑）

ただ、これは決してお笑い番組の中だけの話ではありません。

　私が実際に外資系企業で役員にまで登り詰めることができたのも、実は出川さんのようなスタンスが功を奏したからなのです。

つまり、外国人にとって、特にビジネスの世界においては、「空気を読む」とか「遠慮する」ことはどうでもいいことなのです。
「自分が何を考えているか」、そして、それが仮に失敗しそうであっても、前向きにチャレンジする姿勢があるか、そこが問われているのです。

　そういったことを、直球で伝えてくる日本人は、ほぼいません。ですから、そういった人は外資系企業の中で大変重宝されるのです。
　なぜなら、その企業風土に合っているというだけでなく、**人としても信頼されるから**です。

「恥ずかしい」気持ちは
どこから来るのか？

　今までお話ししたのは「対外国人」に有効なものでした。

　しかし、周りが日本人だらけの中で英語を話さなければならないときは、相手が日本人なので、より「恥ずかしい」という感情が湧いてくる人が多いでしょう。

　そんな「恥」の感情を、もっと冷静に、客観的にとらえられるようになる方法を紹介します。

　Chapter2で、ニューロロジカル・レベルのお話をしました。

　人は、自分や他人のことを、「環境」「行動」「能力」「信念」「自己認識」のいずれかの階層で認識している、というものです。

　人が「恥ずかしい」という感情を持つとき、心の中では、何が起きているのでしょうか。

　「恥ずかしい」という感情を持つのは、「自分はこういう人間だ」という「自己認識」に、ネガティブな評価を受けたと感じたときです。

「自分は情けない人間だ」とか、「自分はダメな人間だ」と自分が感じたとき、それを同じように他人も思っていると感じ、結果的に「恥ずかしい」という感情が生まれます。

このような恥の感情が生まれるメカニズムを知ることで、その感情にムダにおびえたり、振り回されることがなくなります。

このメカニズムについて、更に解説をしましょう。

自分が先に
決めている

「失敗したら、恥ずかしい」という感情を持ってしまう理由は、実は、他人からネガティブな評価を受けるからではありません。

先にネガティブな自己認識（セルフイメージ）があるからこその、思い込みなのです。

つまり、「失敗することで他人からダメなやつだと思われるから恥ずかしい」のではなく、誰かがあなたのことを悪く思うよりも先に、あなた自身が、「自分はダメな人間だ」という自己認識（セルフイメージ）を持っているということなのです。

そのため、失敗すると「他人は自分をダメな人間だと思っている（に違いない）」と感じるのです。

ですから、**同じことをしたとしても、恥ずかしいと全く思わない人もいれば、恥ずかしいと思う人もいる**のです。

これについては、Chapter2 で触れた、"人は自分が「信じていること」にふさわしい、「行動」をとり、「環境」に

身を置き、「能力」を発揮する"という観点からも説明ができます。

「自分はダメな人間」「自分はバカにされる人間」だと信じている人は、本当は成功したいのに、わざわざ失敗する行動を自らとってしまうのです。

　もちろん本人は「ダメ人間である」ことがイヤなわけですから、自分を変えたい、うまくいく行動をとりたいと頭では考えています。

　でも、Chapter2で解説したように、「〜になりたい」＝「今は〜ではない」となるため、残念ながら、自分が「信じていること」はその逆、つまりは「自分はダメな人間だ」ということになってしまうのですね。

「自分はダメな人間だ」と信じている場合、仮にどんな結果であっても、**「自分はダメな人間だ」と証明する部分を無意識に探してしまいます。**

　逆に、「自分は大丈夫な人間だ」と思っている場合、どんな結果であっても、**「自分は大丈夫な人間だ」と証明する部分を無意識に探すのです。**

「結果は関係ない」というのは、つまりそういう意味だからなのですね。

メンタルブロックを解除する２つの方法

　ではこのようなパターンにハマっている場合は、どう対応すればいいのでしょうか？

　対応策としては、２つあります。

①「自分はバカにされる人間じゃない」「自分はダメな人間じゃない」と「望む」のではなく、「今そうである」とする
②「自分はバカな人間でもいい」「自分はダメな人間でもいい」と、そんな自分であることを許可してしまう

　プライドが高いという自覚がある人は、特に②を、逆に、自尊心が低いという自覚がある人は、特に①を実践しましょう。

　私の場合は、プライドが高かったので、②を実践して①に気づくことができたのです。つまり、自分をバカにしていたのは、自分だけだったということですね。

「能力」と「自己認識」を
一緒にしない

「英語が上手にしゃべれない」ということは、ニューロロジカル・レベルでいうところの「能力」の階層の話です。**「能力」に関して、人が「恥ずかしい」と感じるのは、「自己認識」にネガティブな評価を受けたと感じたとき**だとお話ししました。

そのネガティブな評価も、結局他人ではなく自分が先にそう評価している、ともお伝えしました。
では、そもそもなぜ、「能力」が低いと「自己認識」まで、ダメだと評価してしまうのでしょうか？

それは、幼少期から大人へと育つ過程で、親や学校、周りの人から言われた言葉などが、多くの場合、影響しています。

たとえば、テストで良い点数をとって帰ると「すごいねー！！　あなたはエラいね！！！」と褒められ、テストで悪い点数を取ると「ホントウにダメだねーあなたは……」と言われていたとします。

「恥ずかしい」と感じるときの「能力」と「自己認識」

恥ずかしいと感じる状態

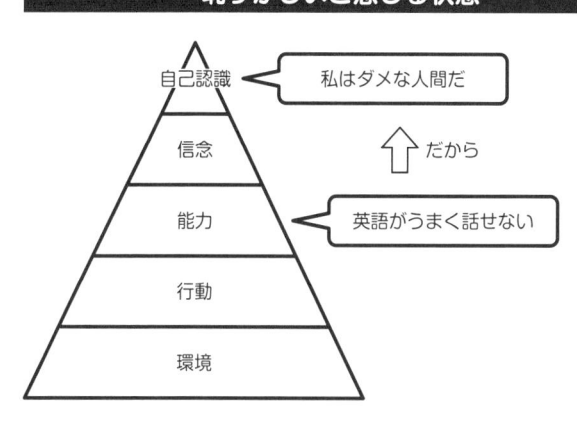

- 自己認識 ← 私はダメな人間だ
- 信念　　⇧ だから
- 能力　　← 英語がうまく話せない
- 行動
- 環境

恥ずかしくない状態

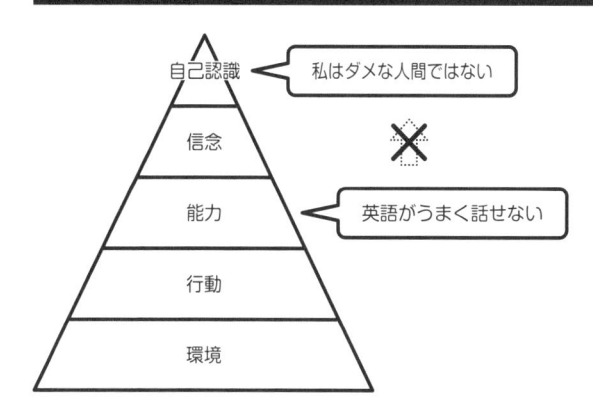

- 自己認識 ← 私はダメな人間ではない
- 信念　　✕
- 能力　　← 英語がうまく話せない
- 行動
- 環境

すると、「テストで良い成績を取ること（＝能力）」と、「自分の存在価値（＝自己認識）が認められること」が、関連づけられてしまうのです。

　本来、すべての人は「能力」に関係なく、その存在価値があるものです。
　しかし、そういった「誤解」を招く言葉を浴び続け、学校や会社など、**能力による評価がなされる世界に長く身を置いていると、自分の存在価値（＝自己認識）と、自分の能力を、より強力に紐づけて考えてしまいます。**

　その「壮大な勘違い」に気づき、「できる・できないと、他人から認められる・認められないは、関係なかったのか！」と理解すれば、「できないこと＝恥ずかしい」や「できる＝恥ずかしくない」という感覚が消えるのです。

　その「勘違い」さえなくなれば、英会話に限らず、いろんなことへのチャレンジが怖くなくなる気がしませんか？
　そんな自分になれたなら、世界は一気に楽しく広がりますよ！

一般の外国人を
たくさん見る

　Chapter4で「海外のドラマや映画を観よう」とお話ししましたが、実は「外国人との心理的な距離を作らない」という意味で、注意すべき点があります。

　それは、ハリウッド俳優ばかりを見ていると、**「外国人が、みな芸能人に見えてしまう症候群」**に陥る可能性があるからです。

　たとえば、あなたが好きな日本の超有名俳優が出ているドラマを毎日観ていたとします。そして、その芸能人と実際に会えたとしたら、**緊張して話せなくなってしまう**のではないでしょうか。

　それと同じことが、外国人の有名な俳優ばかりを見ていても、起きてしまうということです。

　ですから、海外ドラマや映画とは別に、Youtubeなどで一般の外国人が投稿している、ちょっとオバカなハプニング動画なども併せて観ることをオススメします。
「なーんだ、外国人ってこんなにハードルの低い人達なんだ」と気持ちがラクになりますよ（笑）

一般の外国人が
いる場所に行く

　外国人との心理的距離を詰めるのに手っ取り早いのは、**「外国人に会いに行く」**ことです。

　幸い今の日本は、非常に安い金額で外国人と定期的に会える場所がたくさんあります。

　昔は、「英会話スクール」に通わなければならないイメージがありましたよね。

　しかし、たとえば「Meet up」(http://www.meetup.com)などのサービスを使うと、毎日と言っていいほど、どこかで外国人と日本人が交流できるイベントが開催されています。参加費も女性は500円、男性は1000円、場合によっては無料（飲食代は別）だったりします。

　1人で行くのが不安であれば、友達と行ってもいいですね。参加しても、必ずしも話す必要はありません。ハードルが高く感じる人は、「外国人と会う」という行為だけでも、とても意味があると思います。

　なぜなら、**「外国人との心理的な距離が縮まること」が、非常に大きな意味を持っている**からです。

私が英語をしゃべれるようになった要因の１つは、やはり外国人が周りにいる時間が長かったこと、なのです。その「環境」に長く身を置くと、それにふさわしい行動や能力、そして信念、自己認識というのが自然と培われていくのです。

　心理的な距離が近くなればなるほど、話す際の緊張がどんどん減りますし、そもそも話してみたいという欲求が湧きやすくなるのです。

　ですから、話せるか話せないかに関わらず、そういった異文化交流イベントに定期的に足を運んで、自分を慣らすことをオススメしますよ。

Chapter 5 まとめ

1 "英語ペラペラ"になるために必要なことは以下の3つ
　①インプット（情報を脳の中に入れる）
　②アウトプット（情報を外に向けて出す）
　③メンタル対策（外国人に心を慣らす）

2 インプット＝ 海外のドラマや映画を「字幕なし」で観る
　①「字幕」を出さないことで「感覚」が活性化する
　②後から字幕チェックはOK（モチベーション維持のため）
　③「自分が」面白い・好きと感じるジャンルを観る
　④はじめはつまらなくて当たり前（文化の違い）
　⑤ドラマがオススメ（1回が短い／続けて観たくなる）
　⑥1日30分からはじめ、3か月毎に30分延長し最大2時間半

3 アウトプット＝ とにかく聞いたセリフを「真似る」
　① 真似するべきセリフ
　・比較的ゆっくりしゃべっているセリフ
　・短めのセリフ
　・ハッキリとしゃべっているセリフ
　②真似した後に字幕で確認し、さらに音読
　③音読は慌てずにゆっくり・はっきりと
　④時間配分はインプット：アウトプット＝9：1を目安に

⑤洋楽の真似も有効（事前の歌詞チェックOK）

4 メンタル対策
①最初からうまく話そうとしない
②堂々と思ったことを言う（自己主張は悪ではなく、善）
③失敗を恐れなくていい（失敗は悪ではなく、挑戦した証）
④恥ずかしいと感じるのは、「自分は恥ずかしい人だ」と先に決めているから
⑤一般の外国人を見る（Youtubeでの一般人による投稿など）
⑥外国人がいる場所に行く（国際交流イベント情報サイトなどを使う）

おわりに

いかがでしたか？

私からあなたにお伝えできる「"ペラペラワールド"にたどり着くために必要な情報」は、これですべてお伝えしました。

後は、あなたが"ペラペラワールド"に旅立つかどうかを決めるだけです。

どんなに「信じていること」を変えたとしても、最後は「行動」と「環境」を変えなければ、あなたの「能力」は変わりません。

でも、忘れないでくださいね。

深刻に考えるほど、「今のあなたから変わりたくない」と、恒本さん（恒常性の本能）が、あなたの邪魔をするということを。

ですから、ぜひ気軽に、「1日でおわっちゃっても、ま、いっかぁー」くらいの気持ちで、面白そうな海外ドラマや映画を1本、字幕をつけずに観てみてください。

「気軽」にやるほど、本能はあなたの邪魔をすることを、つい忘れてしまいます。

こうして楽しみながら繰り返しているうちに、「気がつ

いたら欲しかった"能力"が身についていた」そんな風に、あなたがいつの日にか"ペラペラワールド"の住人として仲間入りするのを、心待ちにしています。

　最後に、これだけは忘れないでください。
　英会話は、難しいものではなく、努力しないといけないものでもなく、本当は、楽しみながら、ラクに身につけても良いものなんだということを。
　あなたが英語をしゃべれるようになるのは、当たり前であり、自然なことなのだということを。

　それを信じてもらえたなら、あなたが"ペラペラワールド"にたどり着くのは、もう時間の問題です。

　では、

Good luck with your journey to "Pera-pera world"!
　あなたの"ペラペラ・ワールド"への旅に、幸運あれ！

謝辞

　私がこうして、この本を出版できることになったのも、こちらに書かせていただいた皆さんのおかげです。この場をお借りして、心から御礼を申し上げます。

　全く無名の私に、今回の出版のご提案をくださった総合法令出版編集部の時奈津子さん。私の人生が大きく変わるきっかけをくださった心理カウンセラーの心屋仁之助さん。独立して間もない私が、広く認知されるきっかけを作ってくださった心屋塾上級認定講師の碇谷圭子さん。私がまだ学生の頃からずっと見守り、必要なときに心に響くアドバイスをくださった小川鍼灸治療院院長の小川泰伸さん。就職活動に失敗した大学時代にアメリカ留学を勧めてくださり、その資金まで貸してくださった義叔父。いつも私を信じて黙って見守り続けてくれた父、母、兄、祖母、親族の皆さん。

　そして、今まで私に出会ってくれたすべての皆さんへ。ありがとうございました！

岩瀬　晃

岩瀬 晃（いわせあきら）

1973年東京生まれ

横浜国立大学経済学部および Metropolitan State University of Denver（米国）Speech Communication 学部卒業。米大卒業後に受験した初めての TOEIC でいきなり満点の 990 点を獲得。

1998 年マイクロソフトに入社。8 年間、製品マーケティング担当として従事するも、いわゆる「燃え尽き症候群」により自主退社。1 年間のブランク中に再受験した 2 度目の TOEIC で再び 990 点を獲得。

2008 年シマンテックに入社。より外資系色の強かった同社で英語力を活かし、6 年目にはマーケティング総責任者兼執行役員（当時最年少）に、7 年目には個人向け事業の日本総責任者に就任。

輝かしい経歴の一方で、中学生時代から「ホントウの自分を出せない」という心の悩みを抱え続ける。この問題が、心理カウンセリングとの出会いによって解消されたことを受け、心理カウンセラーとして独立することを決意。同社を 2014 年末に退職。その後、心理カウンセラーとしての活動を行なう中で、自身の「英会話力」が単なる才能ではなく、「心」や「脳」の仕組みをうまく活用できていた結果であることに気づく。

2015 年より「オキテ破りのアキラ式ペラペラ英会話セミナー」を開始。3 万円を超える価格にも関わらず募集開始からわずか 1 分で満席になるほどの超人気セミナーに。

現在は、「アキラ式英会話上達法」のさらなる普及のため、認定講師の育成・支援を行っている。

岩瀬晃ホームページ
http://iwaseakira.jp

装丁デザイン：藤塚尚子（ISSHIKI）
本文デザイン：新田由起子（move）
図表・DTP：横内俊彦
イラスト：土屋和泉

本書で解説している「人間の意識の5つの階層」は、
『NLP-Japan ラーニングセンターテキスト』を参照しています。

視覚障害その他の理由で活字のままでこの本を利用出来ない人のために、営利を目的とする場合を除き「録音図書」「点字図書」「拡大図書」等の製作をすることを認めます。その際は著作権者、または、出版社までご連絡ください。

TOEIC満点の心理カウンセラーが教える
自分を操る英語勉強法

2016年8月2日　初版発行

著　者　岩瀬晃
発行者　野村直克
発行所　総合法令出版株式会社
　　　　〒103-0001　東京都中央区日本橋小伝馬町15-18
　　　　ユニゾ小伝馬町ビル9階
　　　　電話 03-5623-5121（代）

印刷・製本　中央精版印刷株式会社

落丁・乱丁本はお取替えいたします。
©Akira Iwase 2016 Printed in Japan
ISBN 978-4-86280-515-7

総合法令出版ホームページ　http://www.horei.com/